AF278171

Breve historia de las órdenes religiosas

Bernard Hours

Breve historia de las órdenes religiosas

Traducción de Violeta Radovich

Alianza editorial
El libro de bolsillo

Título original: *Histoire des ordres religieux*

Primera edición: enero de 2026

Diseño de colección: Estrada Design
Diseño de cubierta: Manuel Estrada
Ilustración de cubierta: © Luisa Ricciarini/Bridgeman Images

Reservados todos los derechos. El contenido de esta obra está protegido por la Ley, que establece penas de prisión y/o multas, además de las correspondientes indemnizaciones por daños y perjuicios, para quienes reprodujeren, plagiaren, distribuyeren o comunicaren públicamente, en todo o en parte, una obra literaria, artística o científica, o su transformación, interpretación o ejecución artística fijada en cualquier tipo de soporte o comunicada a través de cualquier medio, sin la preceptiva autorización.

© Que sais-je? / Humensis, 2012
© de la traducción: Violeta Radovich Ruiz, 2026
© Alianza Editorial, S. A., Madrid, 2026
    Calle Valentín Beato, 21
    28037 Madrid
    www.alianzaeditorial.es

PAPEL DE FIBRA
CERTIFICADA

ISBN: 979-13-7009-119-4
Depósito legal: M-19853-2025
Printed in Spain

Índice

Introducción
Del monacato a la vida consagrada

El monacato, una «forma de vivir el ascetismo cristiano» (P. Maraval), apareció en la segunda mitad del siglo III en la parte oriental del Imperio romano. Fue propiamente institucionalizado a partir del siglo IV, y ha seguido siendo un componente esencial del cristianismo desde entonces hasta nuestros días.

«Monje» viene de *monachos*, «el que vive solo». Nada más sencillo en apariencia, aunque en realidad no hay nada más complejo que definir correctamente qué es el monacato. «Vivir solo» no se refiere necesariamente a la soledad del ermitaño, y la mayoría de las formas de vida monástica son comunitarias o «cenobíticas». Dicho de otro modo, el monje o la monja, hombre o mujer, no es tanto quien vive solo, sino más bien quien vive separado del resto de las personas, de la sociedad en la que normalmente se habría insertado trabajando, casándose y asegurando el futuro de su familia. Por tanto, podríamos plantearnos la posibilidad de caracterizar al monje, sobre todo, como un «renunciante». Pero el clero diocesano, desde el más humilde vicario hasta el obispo, no pertenece al universo de los monjes, aunque también haya renunciado a seguir los caminos habituales de la vida social. Por otra parte, mientras que el clérigo secular puede practicar el ascetismo, es decir, la formalización de todas las renuncias al mundo, esto es precisamente lo que caracteriza la vida monástica. Si bien existen grados en el ascetismo, el monje que lo descuida siempre es considerado un mal monje.

La elección de una vida por separado no es exclusiva de la civilización cristiana. En el budismo, el taoísmo y el sintoísmo también han surgido formas de monacato. Los monjes orientales se definen ante todo por la renuncia, aunque no todos la lleven hasta el extremo de ciertas prácticas *jainistas*, como la desnudez total, signo de desprendimiento absoluto del cuerpo. La perspectiva comparativa que propone el florecimiento actual de los Estudios Globales *(Global Studies)*, así como el desarrollo de los encuentros intermonásticos y el hecho de que los monjes occidentales y orientales le concedan la misma prioridad a la oración, plantearían la necesidad de tenerlos a todos en cuenta; sin embargo, por motivos de espacio, en la presente obra nos limitaremos al estudio del monacato católico, al que tendremos que describir a grandes rasgos debido a lo rica y diversa que es su historia.

Esta restricción apenas facilita la identificación de nuestro tema de estudio. La definición clásica del monacato lo equiparaba a las formas de vida eremítica o cenobítica regidas por una regla y consideraba que, de todas ellas, la de san Benito había sido la más equilibrada y fecunda. De ahí que el monje benedictino haya representado durante mucho tiempo el concepto ideal del monje. Quedaban excluidos, por tanto, los canónigos regulares, los monjes mendicantes, los clérigos regulares, las sociedades de vida común, los institutos seculares, etc. Este punto de vista estrictamente canónico ofrece la ventaja de poder seleccionar por exclusión, pero desde un punto de vista antropológico no resulta tan idóneo porque distingue entre formas de vida que comparten expectativas comunes y aplican prácticas afines. J. Dubois, eminente partidario de esta interpretación clásica, afirmaba que, desde los orígenes del cristianismo, «hombres y mujeres han querido llevar una vida enteramente consagrada a Dios». Con ello aprobaba esta interpretación más amplia que asumimos nosotros, aun siendo conscientes de las dificultades que puede plantear. Dicha interpretación lleva a considerar todas las formas de vida consagradas, reguladas y formalizadas fuera del marco parroquial con el fin de encontrar a Dios y vivir en comunidades fraternas. La curia romana ha avalado dicha ampliación: el nombre de la congregación de los regulares, creada en el siglo XVI, ha evolucionado hasta su forma actual de «Congregación para los Institutos de Vida Consagrada y las Sociedades de Vida Apostólica», aprobada por Juan Pablo II en 1988.

1. Los orígenes del monacato

I. El nacimiento del monacato en el Mediterráneo oriental

1. Los comienzos

Antes de la aparición del cristianismo ya existían fenómenos comparables al monacato, incluso en un contexto no bíblico. En el siglo VI a. C., Pitágoras creó en Crotona, al sur de Italia, una comunidad regida por la ascesis y el silencio, dedicada al estudio y a la búsqueda de la virtud. El budismo, que se desarrolló a partir del siglo V a. C., no se puede concebir sin las comunidades de monjes, que son los únicos capaces de practicar un desapego radical, y que al mismo tiempo son ejemplos vivos de la práctica del ideal budista para los laicos. En cuanto al judaísmo, no solo valoró el eremitismo a través de las figuras de profetas como Elías (que se convertiría asimismo en una referencia importante para el monacato cristiano), sino que también albergó formas de vida comunitaria. Conocemos, por ejemplo, la comunidad de los terapeutas, judíos helenistas que se establecieron al sur de Alejandría y se dedicaron a una vida contemplativa de ascetismo, ayuno, oración y estudio de las Escrituras. Probablemente desaparecieron a finales del siglo I a. C. Pero la comunidad más conocida sigue siendo la de los esenios, a los que se han asociado a menudo los famosos *Manuscritos del Mar Muerto*, descubiertos entre 1947 y 1956. La comunidad, a la que se podía acceder tras una iniciación de tres años, seguía unas reglas ascéticas, con un régimen de exclusiones temporales graduadas en función de la gravedad de las transgresiones; en ella se vivía la absoluta comunidad de bienes, el respeto escrupuloso del *sabbat* y la observancia de la más estricta pureza ritual. Probablemente desapareció en la época de la destrucción del Templo de Jerusalén (70 d. C.).

Tradicionalmente se considera que la aparición del monacato cristiano tuvo lugar a partir del siglo IV d. C. como reacción a la Iglesia constantiniana. La legalización del cristianismo en el Imperio mediante el Edicto de Milán (313 d. C.) habría disminuido el celo en la persecución de los cristianos, del que estos podían dar prueba, pues con ella se tendía a creer que el cristianismo podía reconciliarse con el mundo. Pero para recuperar las altas exigencias establecidas por los primeros cristianos, era necesario romper con el mundo. Y, efectivamente, los primeros Padres del Desierto ya tenían maestros y se presentaban como herederos de una tradición: el cristianismo primitivo estaba fuertemente marcado por una exigencia de ascetismo y rigor. La pobreza, la continencia y la virginidad fueron valores que prepararon el camino para la aparición del monacato. Varias iglesias reconocían la existencia de una «orden de vírgenes», mientras que en Mesopotamia cada comunidad contaba con «hijos e hijas de la alianza» que se comprometían a una vida de renuncia. La primera comunidad cristiana descrita en los Hechos de los Apóstoles proponía también un modelo de organización basado en la comunidad de bienes y la oración en común. Varios maestros anteriores al siglo iv definieron así un ideal que se concretaría en el desarrollo del monacato. Orígenes (185-253) predicaba el ayuno, la abstinencia, la pobreza, el alejamiento del mundo, la oración continua como participación en la vida divina y el estudio diario de las Escrituras.

2. Los Padres del Desierto

Con este nombre se designa a los anacoretas y maestros espirituales que vivieron en Egipto en el siglo iv. Este periodo está dominado por la personalidad de Antonio († c. 356), que vivió como ermitaño. Atanasio, patriarca de Alejandría, escribió su *Vida* hacia el año 360. Entre sus discípulos se cuentan Macario el Viejo e Hilarión, que fundó un monasterio en la región de Gaza hacia el año 329. La iconografía tradicional de Antonio ilustra sobre todo las tentaciones a las que fue sometido, y transmite así el significado de la anacoresis (o vida eremítica) para los Padres del Desierto: mediante el ascetismo, el estudio de las Escrituras y la oración, el anacoreta lucha contra el diablo y se impone definitivamente a sus tentaciones cuando alcanza la *apatheia* o ausencia total de pasiones. La influencia de algunos anacoretas los llevó a organizar a sus discípulos en verdaderas colonias, sin más reglas que los consejos del maestro. Se establecieron tres centros principales en el desierto, al sur de Alejandría: Nitria, las Celdas y Escete, que fueron abandonados durante el siglo VII.

Cuna de la anacoresis cristiana, el Egipto del siglo IV fue también la cuna del cenobitismo, sobre todo bajo el impulso de Pacomio († 346). Hacia el año 321, Pacomio formó una comunidad de eremitas en Tabennisi a la que dotó de una regla, que Jerónimo tradujo al latín a principios del siglo V. Dicha regla preveía un examen y un periodo de formación (escritura y lectura), tras el cual el monje llevaba una vida de ascetismo y oración bajo la dirección de otros monjes que mantenían una rigurosa disciplina. Los monjes vivían en celdas individuales agrupadas en casas, todas ellas rodeadas por una muralla que también albergaba edificios comunitarios (sala de culto, almacén, cocina, refectorio y casa de huéspedes). Pacomio fundó otros ocho monasterios para hombres y dos para mujeres, que puso bajo el control de los monjes que él nombró. Durante su vida, estas comunidades podían llegar a contar con varios centenares de monjes.

Al mismo tiempo, en Palestina apareció una forma original de organización, la «laura»: los monjes vivían en celdas aisladas y se reunían al final de la semana en edificios comunitarios dispuestos alrededor de una iglesia. Caritón fundó el primero, y el modelo se sistematizó en tiempos de Sabas (439-532), quien, hacia 483, fundó la Gran Laura entre Belén y el mar Muerto.

En Siria surgió un movimiento de anacoretismo y cenobitismo especialmente riguroso que fue documentado por Teodoreto de Ciro en *Historias de los monjes de Siria* (444): cadenas al cuello, ayunos y vigilias prolongados, rechazo de toda higiene corporal, mantenerse siempre de pie, múltiples postraciones. Aunque algunos ermitaños llevaban una vida errante, la mayoría optaba por una vida sedentaria de reclusión en una cueva o celda, o bien al aire libre en un recinto sin techo, entre los árboles (los dendritas) o en una plataforma situada en lo alto de una columna (los estilitas; el más famoso fue Simeón el Viejo, que, entre los años 423 y 459, vivió en tres columnas que iban siendo cada vez más altas).

El mismo rigor caracterizó el inicio del monacato en Asia Menor, con Eustacio de Sebaste, que defendía la pobreza total y la castidad perfecta hasta el punto de poner en entredicho la vida familiar. Fue condenado por el Concilio de Gangra en 355. Su discípulo Basilio de Cesarea, tras descubrir el monacato egipcio y sirio, se estableció en Annisa, cerca de Neocesarea, con su hermano

Gregorio de Nisa y algunos amigos, entre ellos Gregorio Nacianceno. Allí desarrolló un monacato que, al igual que las fundaciones pacomianas, se distanciaba del modelo anacoreta. La vida comunitaria, basada en la oración, la liturgia, el trabajo y la caridad, se organizaba en torno al superior y en estricta obediencia. También imponía un ritmo común de prácticas ascéticas.

II. Los inicios del monacato occidental

En la parte occidental del Imperio romano, la práctica del ascetismo se prolongó durante más tiempo (virginidad, pobreza, oración, ayuno y servicio a los pobres), sin romper con el marco doméstico y cotidiano de la vida. El monacato se importó de Oriente en la segunda mitad del siglo IV. La *Vida* de Antonio fue emulada por eremitas que se instalaron en el campo, en los bosques cercanos a ciudades como Tréveris o en las islas de la costa de Liguria o la Provenza. Si bien, especialmente en la Galia, la vida cenobítica se impuso rápidamente a la eremítica, sobre todo bajo la influencia de los obispos, muchos fundadores de monasterios, como Martín de Tours u Honorato de Lérins, comenzaron con esta forma de renuncia. El cenobitismo siguió teniendo muchos adeptos en la España visigoda y en el centro y sur de Italia, que había sido reconquistada por los bizantinos. La implantación del cenobitismo también se vio favorecida por la traducción de reglas orientales al latín, como la *re-*

gla de san Pacomio, traducida por Jerónimo hacia 400, y las *Reglas monásticas* de Basilio de Cesarea, traducidas por Rufino. Por último, hacia el año 420 o 430, Juan Casiano publicó sus *Instituciones* y *Conferencias*, que describían la vida y la espiritualidad del centro monástico del desierto de Escete, donde había vivido unos diez años.

1. La difusión del monacato en Occidente

En Italia, a partir de finales del siglo IV, los monasterios se multiplicaron bajo la órbita de la autoridad episcopal. Al haber menos diócesis en la parte septentrional de la península, también había menos monasterios, mientras que en la Italia central y meridional se extendieron en forma de pequeñas casas urbanas y suburbanas. A finales del siglo IV, Agustín vio varias de ellas en Roma. Las fundaciones solían ser de origen episcopal, aunque a veces también eran obra de solitarios que atraían a discípulos. El más famoso, Benito de Nursia (c. 480/490-550/560), vivió primero como ermitaño cerca de Subiaco, no lejos de Roma. Fundó el monasterio de Montecasino (destruido entre 580 y 581 por los lombardos) para sus seguidores, y otros dos al final de su vida. Los monjes expulsados por las invasiones, ya procedieran del norte de África o de las regiones septentrionales, se refugiaron en Italia. Pero no todas las fundaciones perduraron. Entre estas últimas, la de Vivarium en

Calabria, fundada por Casiodoro (c. 550), desempeñó un importante papel cultural: sus monjes transcribieron numerosos textos sagrados y profanos que más tarde se difundieron por las bibliotecas monásticas de todo Occidente.

Agustín, obispo de Hipona, fomentó el desarrollo de monasterios en el norte de África. Él mismo, autor de una regla, fundó uno en su casa episcopal. Tras quedar interrumpido por las persecuciones de los primeros reyes vándalos, el movimiento se reanudó a finales del siglo v, y los monasterios fueron adquiriendo progresivamente su autonomía respecto de la autoridad episcopal. A principios del siglo VII, muchos monjes orientales, como Máximo el Confesor, que habían sido expulsados por las invasiones persas, encontraron refugio temporal o permanente en el norte de África.

La Galia ofreció un terreno especialmente fértil para el monacato: a finales del siglo VI había más de doscientos monasterios en la Galia, y otros trescientos se fundaron durante el siglo siguiente. En 361, Martín, que al principio había vivido en solitario, fundó el monasterio de Ligugé para sus discípulos: en él, la vida era semieremítica, y seguía un modelo cercano a las lauras orientales. Tras convertirse en obispo de Tours, fundó varios monasterios más; entre ellos, el de Marmoutier. A principios del siglo v, Honorato estableció una comunidad en la isla de Lérins, frente a la costa de Cannes. La fundación prosperó rápidamente, generó numerosas filiales y constituyó un verdadero vivero de teólogos y obispos durante dos siglos. Unos diez años más tarde, Juan Casiano fundó dos casas en Marsella: Saint-Victor, para hombres, y Saint-Sauveur, para mujeres. Como consecuencia de las invasiones bárbaras, las ciudades (Clermont, Auxerre, Lyon, Vienne, Arlés, Toulouse...) acogieron numerosos establecimientos bajo la protección y el control del obispo. Pero el atractivo de la vida eremítica continuaba. Esto explica, por ejemplo, la fundación hacia el año 435, por obra de Román y Lupicino, de Condat (convertida en Saint-Claude en el siglo XII), que evolucionó rápidamente hacia un monasterio cenobita. Por último, a finales del siglo VI, el monacato irlandés se extendió a la Galia: Columbano, que desembarcó con varios compañeros hacia 590 en Bretaña, fue responsable directo o indirecto de varias fundaciones, tanto masculinas (Luxeuil) como femeninas (Faremoutiers). Durante la misma época se multiplicaban los monasterios en una Irlanda recién evangelizada. El viaje de Columbano fue una respuesta al ideal ascético de la *peregrinatio propter Deum*: este exilio itinerante se transformó en un viaje misionero. Los monjes irlandeses difundieron la práctica de la confesión privada, seguida de una penitencia establecida.

En la península ibérica, el monacato, que apareció a finales del siglo IV, se desarrolló con vigor en los siglos VI y VII, sobre todo bajo el impulso de los obispos. Marcado por influencias tanto orientales como occidentales, se caracterizó por la importancia que se concedía a la vida intelectual y por su estrecha relación con la vida eclesial: se hacían cargo de parroquias, los abades participaban en concilios y los obispos intervenían en la vida de los monasterios.

2. Las primeras reglas monásticas occidentales

Hasta el siglo VII, la proliferación de monasterios fue pareja a una gran diversidad de principios de vida. En España, por ejemplo, aunque se adoptó con frecuencia la regla de san Agustín, Martín de Braga, en su monasterio de Dumio, se inspiró en los *Apotegmas de los Padres del Desierto*. Leandro de Sevilla escribió *De la institución de las vírgenes y del desprecio del mundo* inspirándose en Jerónimo, Casiano y Agustín, mientras que su hermano Isidoro (560/570-636) bebió tanto de fuentes orientales como occidentales para componer la *Regla de los monjes*. Por su parte, los monasterios gallegos adoptaron una *regula communis*. En la Galia se dejó sentir primero la influencia de las reglas compuestas en Lérins, adaptadas posteriormente a las necesidades locales. El monacato martiniano se apoyaba en el carisma de los superiores. Por último, los irlandeses difundieron las dos reglas de san Columbano, que hacían especial hincapié en la obediencia y la penitencia, pero que también fueron adaptadas y mezcladas con otras influencias, especialmente la regla de san Benito, a lo largo del siglo VII.

De esta época datan algunos de los textos más importantes de la historia del monacato occidental. La *regla a los siervos de Dios* de san Agustín consta de una exhortación espiritual (el *Praeceptum*) y de un texto consuetudinario que establece el calendario y los horarios de los servicios y regula las comidas y el sueño. Por su posteridad, la regla de san Benito merece especial atención. Poco se sabe de la vida de su autor, aparte de lo que nos dice Gregorio Magno en sus *Diálogos*, donde lo presenta sobre todo como un taumaturgo. Nacido en el seno de una rica familia de Umbría, Benito, tras estudiar en Roma, tuvo una primera experiencia de vida eremítica en Subiaco, donde acabó fundando una comunidad, y más adelante erigió los famosos monasterios de Montecasino y Terracina antes de morir hacia 550/560. Su regla, compuesta entre los años 530 y 560, se inspiró en la *regla del Maestro*, que abrevió en setenta y tres cortos capítulos. Convencido de que el eremitismo solo era accesible a las almas de élite, Benito se propuso establecer las reglas de la vida comunitaria. Sustituyó la relación maestro/discípulo por el respeto a la regla. De esta forma, estructuró la vida cenobítica según un eje vertical, la obediencia al abad, y un eje horizontal, la caridad fraterna. El ascetismo se redujo a una exigencia mínima en comparación con el ideal eremítico. La vida monástica se presentaba como una «escuela para el servicio del Señor» a través del silencio, la obediencia, la humildad «madre y maestra de todas las virtudes» y una división equilibrada del tiempo entre el *opus dei* (oración litúrgica), el trabajo y la *lectio divina* (meditación de las Escrituras).

3. El monacato femenino

Para las mujeres, la primera forma de vida consagrada fue la elección de la virginidad para dedicarse a la oración y al servicio de los pobres o de la comunidad. Las vírgenes vivían en casa con su familia. Desde siglo IV como mínimo, recibían una consagración solemne del obispo y, puesto que se consideraban esposas de Cristo, llevaban velo, como las mujeres casadas. El primer monacato femenino surgió, principalmente entre la aristocracia romana, en forma de monasterios familiares: las cristianas reunían en sus casas a las jóvenes y a las viudas para vivir en reclusión. Las comunidades se multiplicaron alrededor de los siglos IV y V en Italia, la Galia, España, el norte de África e Irlanda. Una de las reglas más importantes fue la de Cesáreo, obispo de Arlés († 542): se trata de la primera regla escrita específicamente para una comunidad femenina, compuesta por cuarenta y cinco capítulos breves que establecen la organización del monasterio, los oficios (o funciones) específicos, las condiciones de la vida comunitaria y la manera de emplear el tiempo. Los monjes irlandeses también fundaron casas: Walberto, sucesor de Columbano en Luxeuil, compuso una regla para ellas. A petición de su madre, Donato, obispo de Besanzón († c. 660), escribió una regla en setenta y siete capítulos, inspirada en Cesáreo de Arlés, Columbano y Benito de Nursia, que encontró una amplia difusión, sobre todo en las filiales de Luxeuil. En los siglos VI y VII se fueron erigiendo cada vez más monasterios a instancias de los soberanos (la reina Radegunda fundó el monasterio de Sainte-Croix en Poitiers en 552), la aristocracia y el episcopado. A principios del siglo IX, Benito de Aniano publicó *Institutio sanctimonialum*, que citaba ampliamente los textos de los primeros legisladores del monacato femenino: Atanasio, Jerónimo, Cipriano y, por supuesto, Cesáreo de Arlés. Advertía de que no se debía olvidar la sencillez en la vestimenta y la alimentación, contra el uso de alojamientos individuales y sirvientes privados y contra el hecho de hablar con demasiada libertad, especialmente durante las visitas familiares. Estas recomendaciones ya eran *topoi* en este tipo de literatura. Walberto, por ejemplo, dedicó un capítulo de su regla a las conversaciones: «Hay que evitar hablar de cosas ociosas y frívolas, de bufonadas, de fábulas bajas y mezquinas [...]. Hay que romper con la cháchara inútil para que el alma no coseche el fruto de su condena a causa de la necedad de un espíritu incontrolado».

2. El paradigma benedictino en el Occidente latino (siglos VIII-XI)

Para la cristiandad latina, el modelo benedictino representó durante varios siglos la mayor referencia del universo monástico. Su éxito no podría explicarse sin el apoyo que brindaron, por una parte, los príncipes y la aristocracia y, por la otra, los papas, que, sobre todo con Cluny, encontraron una base para reforzar su autoridad en la Iglesia. Pero a pesar del esplendor y el atractivo cluniacenses, la observancia de la regla de san Benito no basta para explicar todas las experiencias monásticas de la época.

I. De Gregorio Magno a Benito de Aniano: el triunfo de la regla de san Benito

Durante dos siglos, la regla de san Benito apenas se aplicó o se hizo «combinándola» con otras. Columbano se inspiró en ella para sus fundaciones de Luxeuil y Bobbio, y se encuentran rastros de esta regla en la que compuso Isidoro de Sevilla. Pero no empezó a imponerse hasta el siglo VIII, bajo el efecto combinado de varios factores.

En primer lugar, la regla se benefició de la evangelización de Inglaterra. Agustín y los misioneros enviados por Gregorio Magno en 597 la impusieron con mayor facilidad en los monasterios que establecieron, ya que estas costumbres «romanas» ofrecían una apreciada alternativa al modelo monástico irlandés. Los monjes anglosajones, que más tarde desempeñaron un papel decisivo en la conversión de Germania, importaron la regla, siguiendo el ejemplo de Bonifacio, fundador de la abadía de Fulda. Bajo su influencia, el Concilio germánico de 742 la estableció como referencia para todos los monasterios. En la misma época, encontró una poderosa fuente de difusión en Montecasino, restablecido desde el año 718. Carlomagno mandó hacer allí una copia, que hoy se conserva en el palacio imperial de Aquisgrán, para que se utilizara en las fundaciones realizadas bajo la protección del emperador.

La unión del poder político y el papado para apoyar la difusión de la regla de san Benito encontró un relevo eficaz en Benito de Aniano (c. 750-821). Hijo del conde de Melguelh, Benito se crio en la corte del rey Pipino el Breve y más tarde vivió en el entorno de Carlomagno. Tras una experiencia de duro ascetismo en el monasterio de Saint-Seine, cerca de Dijon, estableció una comunidad en la finca familiar de Aniano (cerca de Montpellier), donde impuso la regla de san Benito a finales de la década de 780. Allí escribió dos obras importantes para la posteridad del monacato latino: el *Codex regularum*, compilación de veintisiete reglas anteriores, y la *Concordia regularum*, síntesis de varios comentarios a la regla de san Benito.

Cuando aún era rey de Aquitania, Luis el Piadoso, hijo de Carlomagno, ya protegía a Benito, que impuso la adopción de la regla en unas veinte abadías. Tras convertirse en emperador en 814, Luis lo llamó a su lado. En Inden, cerca de Aquisgrán, Benito fundó una comunidad que se convertiría en un centro de formación monástica para todo el Imperio y, por tanto, en un instrumento esencial para la difusión del modelo benedictino. En el concilio celebrado en Aix en 817 para legislar sobre el papel de los abades, Benito impuso la regla con el apoyo de Luis el Piadoso. Los monasterios pasaron a formar parte del engranaje del sistema imperial. Sin embargo, al no poder obtener del emperador la libertad sistemática de elecciones abaciales, Benito preservó la autonomía de los monasterios introduciendo una distinción de los ingresos en dos partes, los abaciales y los de los monjes. Por último, codificó las costumbres en la *Collectio capitularis*.

II. Cluny

El monacato benedictino alcanzó su primer apogeo con el impulso excepcional de la abadía de Cluny. En 910,

Guillermo III, duque de Aquitania, les donó «a los apóstoles Pedro y Pablo» –es decir, a la Iglesia romana– la propiedad de Cluny, en la región de Mâconnais, y sus dependencias para que se estableciera en ella un monasterio benedictino. Situada bajo la protección de Roma, la nueva fundación debía escapar tanto a las pretensiones del episcopado como a las del poder secular. El acta fundacional nombró abad a Bernón, monje de la abadía de Saint-Martin de Autun, reformada hacia 870 según el modelo de Benito de Aniano. Los estatutos especificaban que, a su muerte, su sucesor debía ser elegido por los monjes «según la regla de san Benito». Diversas abadías fundadas durante este periodo compartían el mismo ideal (Brogne, en 914; Einsiedeln, en 929; Gorze, restablecida en 933), pero Cluny iba a tener una historia sin parangón.

La expansión de Cluny se vio favorecida al principio por la longevidad de sus abades hasta mediados del siglo XII: los principales abades que sucedieron a Bernón († 926) fueron Odón (926-942), Mayol (primero fue coadjutor de Aymard, que se quedó ciego en 948, y después abad, de 954 a 994), Odilón (994-1049), Hugo de Semur (1049-1109) y, tras una crisis que provocó la abdicación de Pons de Melgueil (elegido en 1109), Pedro el Venerable (1122-1156). Otro motivo fueron los privilegios de los que gozaba la abadía: en 931, el papa Juan XI le concedió el derecho de poner bajo su autoridad los monasterios que ayudara a reformar; en 994, el Concilio de Anse le otorgó el derecho de justicia temporal sobre sus dominios, lo que la hacía independiente de cualquier señorío; pero, sobre todo, entre 996 y 1095, recibió del papado el reconocimiento y la confirmación del privilegio de exención en varias ocasiones: la abadía quedó fuera de la jurisdicción del obispo de Mâcon para la ordenación de sacerdotes, la consagración de iglesias y capillas y las sanciones eclesiásticas. Gregorio VII, antiguo cluniacense, extendió esta inmunidad a las capillas cercanas a la abadía, y Urbano II, que procedía de Cluny, le otorgó al abad el poder de nombrar a los sacerdotes de las parroquias que fueran propiedad de Cluny. Por último, como demostró D. Iogna-Prat, la expansión de la abadía se benefició de la imagen que construyó de su historia, al desarrollar su propia leyenda hagiográfica. Los abades mandaron escribir la *Vita* de sus predecesores: Aymard, la de Odón (por Juan de Salerno hacia 945); Odilón, la de Mayol (a principios de la década de 1030), y Hugo de Semur, la de Odilón (dos *Vitae* sucesivas, en la década de 1050, por Jotsald, y 1060, por Pedro Damián). Cluny, directamente vinculada a san Benito y a su discípulo san Mauro, quiso encarnar el verdadero renacimiento del monacato. Para justificar ciertas tendencias criticadas del monacato cluniacense (el descrédito del trabajo manual, la posesión de propiedades), se le atribuyeron a este último. Poco a poco, las figuras de Bernón y Aymard se fueron olvidando en favor de la de Odón, exaltado como el verdadero fundador. Esta estrategia de la memoria dio sus frutos: Odilón fue canonizado en 1063, y Hugo de Semur, en 1120.

Con Pedro el Venerable, la construcción ideológica alcanzó su apogeo: celebrada como «espejo de Roma», Cluny era ya la *Ecclesia cluniacensis*, «una verdadera Iglesia en pequeño [...], a la vez refugio de laicos y unión de las diversas formas de pertenencia al orden sagrado (sacerdotes, obispos, cardenales, papas; frailes, eremitas, monjes y monjas)» (D. Iogna-Prat). Desde la carta fundacional, la referencia a Roma siempre fue considerada central en la historia de Cluny y exaltada con regularidad, sobre todo en la época de la reforma gregoriana, para la que constituyó un firme apoyo. Cluny hospedó a varios papas, proporcionó a la Iglesia varios obispos y cardenales (seis en el siglo XVII), un papa (Urbano II) y un antipapa (Anacleto II), acogió a un pontífice hasta su muerte (Gelasio II) y albergó la elección de otro (Calixto II). Tras obtener las reliquias de Pedro y Pablo en el año 981, se convirtió en una alternativa a la peregrinación a Roma. La iglesia de la abadía, Cluny III, comenzó en tiempos de Hugo, en parte gracias a una subvención anual de Alfonso VI, rey de Aragón, y siguió siendo la más grande de la cristiandad hasta la reconstrucción de San Pedro, en Roma, en el siglo XVI.

La mayor parte de la red cluniacense se completó durante el primer cuarto del siglo XII, cuando tenía entre mil y mil cien casas que albergaban a más de diez mil monjes en toda la cristiandad latina: sobre todo en Francia (donde contaba con unas ochocientas casas), pero también, por orden decreciente de número de casas, en el Imperio, la península itálica, Inglaterra y la península

ibérica. La *Ecclesia cluniacensis* estaba formada esencial-
mente por la abadía madre de Cluny, donde a la muerte
de Hugo de Semur vivían más de trescientos monjes, y
los prioratos que dependían directamente de ella. Estos
últimos eran verdaderos monasterios benedictinos, que
no dirigía un abad elegido, sino un prior nombrado por
el abad de Cluny. La red constaba de las casas ya existentes, además de los numerosos prioratos que creaba. Cinco de ellos fueron conocidos como «hijos de Cluny»
porque sirvieron de apoyo para la difusión de la observancia cluniacense: Souvigny (Borbonés), Sauxillanges
(Auvernia), La Charité-sur-Loire, Saint-Martin-des-
Champs en París y Lewes (Sussex). En Cluny había dos
tipos de asociaciones: por un lado, las *abadías de obediencia* (quince en 1118) elegían a su propio abad, que
juraba fidelidad al de Cluny y aceptaba sus órdenes y su
control; por otro, las abadías *de observancia* o *afiliadas*,
que adoptaban la observancia y las costumbres cluniacenses pero conservaban su autonomía y a veces incluso
abandonaban la órbita cluniacense. Por último, Cluny
contaba asimismo con una veintena de monasterios femeninos. El primero fue el de Marcigny, fundado en
1055 por Hugo de Semur y dirigido por un prior nombrado por el abad de Cluny. Pero cuando la orden alcanzó tales dimensiones, la centralización del gobierno en
manos del abad de Cluny dejó de ser adecuada. Así pues,
a lo largo del siglo XII se crearon diez provincias. En
1132, Pedro el Venerable convocó por primera vez un
capítulo general siguiendo el reciente modelo del Císter.

Dicho capítulo adquirió una frecuencia anual a partir de 1200, con lo que el gobierno efectivo de la orden fue pasando progresivamente al capítulo general y a los definidores generales elegidos en él.

Cluny aplicaba la regla benedictina que había completado Benito de Aniano, pero la regla se modificó, lo que suscitó cada vez más críticas a partir de la segunda mitad del siglo XI. Las dos costumbres redactadas bajo Hugo de Semur describían minuciosamente las normas que debían regir la vida cotidiana. Los monjes, en su mayoría sacerdotes, fueron abandonando progresivamente el trabajo manual en favor de la oración y el trabajo intelectual. La duración y el esplendor de la liturgia constituyeron una de las principales características de la observancia cluniacense, con numerosas obligaciones añadidas a la regla: misas comunitarias o privadas, salterios completos y oraciones supererogatorias. Durante quince a dieciocho horas al día se sucedían oficios y oraciones en la iglesia del monasterio, y durante una parte de ese tiempo los monjes se turnaban. La oración por los difuntos adquirió tal importancia que, hacia 1030, Odilón instituyó el Día de los Difuntos al día siguiente del de Todos los Santos, una celebración que fue adoptada rápidamente por toda la cristiandad. La liturgia primó sobre el trabajo «intelectual», en el que también influyó: este consistía principalmente en elaborar libros litúrgicos y copiar manuscritos. Por último, la austeridad en la vestimenta y la alimentación se atenuó, lo que le valió a la abadía la crítica de haber abandonado el ideal auténticamente benedictino.

III. La búsqueda de otras vías

La imagen de Cluny, con su proselitismo principalmente noble, puesta al servicio de la élite clerical y apoyada por numerosos dominios gestionados por prioratos rurales (con una simple función económica, a diferencia de los prioratos conventuales mencionados en la pág. 32), era de poder y riqueza, por más que en la abadía madre se vivieran graves dificultades económicas. A los ojos de muchas personas, Cluny había dejado de encarnar el ideal de renuncia y ascetismo monástico. Este último inspiró un poderoso renacimiento del eremitismo (ciertamente mucho antes de que Cluny hubiera adquirido su aspecto definitivo), así como nuevas organizaciones de tipo cenobítico.

1. La renovación eremítica

En el origen de muchos monasterios, tanto en Oriente como en Occidente, se repitió el mismo proceso: una personalidad carismática que vivía en reclusión atraía a discípulos, lo que le llevaba a organizar una comunidad que en mayor o menor medida conservaba el ideal de la soledad.

En el sur de Italia, el ideal eremítico de los primeros siglos se mantuvo en la tradición bizantina. De antes del año 1000 tenemos como ejemplo a san Nilo (c. 910-1005), que, después de vivir mucho tiempo como eremita, fundó varios monasterios según la regla de san Basilio; en particular, el de Grottaferrata, cerca de Frascati, en 1004, donde se ha mantenido hasta hoy una sólida tradición de estudios orientales.

En la Italia de rito latino, el mismo ideal dio origen a dos órdenes nuevas en la primera mitad del siglo XI. Tras haber sido monje benedictino en San Apolinar en Classe (Rávena), Romualdo (951-1027) optó por una vida solitaria e itinerante que lo llevó al monasterio de San Miguel de Cuixá, en los Pirineos, donde meditó sobre los Padres del Desierto. Al volver a Italia, fundó o restauró varias casas eremíticas. En 1012, erigió un monasterio doble en Camaldoli, cerca de Arezzo, con edificios comunitarios y casas eremíticas que, si bien se encontraban bajo la autoridad de dos priores distintos, aplicaban la regla de san Benito para la vida de la comunidad (oficios, trabajo, comidas). Esta fundación dio su nombre a la orden camaldulense, aprobada en 1072 por Alejandro II y reconocida como rama autónoma de la orden benedictina en 1113.

Unos años más tarde, Juan Gualberto (c. 995-1073), monje benedictino de San Miniato, localidad que se encuentra cerca de Florencia, experimentó la vida eremítica, pero pronto se le unió un grupo de laicos y monjes de su abadía original. En 1039, fundó su comunidad en Vollombrosa y le impuso la regla de san Benito. Fiel al deber de la hospitalidad, pero sin querer perturbar la paz monástica, decidió establecer la hospedería a cierta distancia del monasterio y confiársela a los laicos. La orden de Vollombrosa también fue aprobada por Alejandro II, en 1070, y se extendió principalmente por Italia.

2. Bruno de Colonia y la Cartuja

Nacido hacia 1030, Bruno, inicialmente canónigo y *magister scholarum* de Reims, eligió la vida eremítica tardíamente, en 1082, cuando se retiró con dos compañeros al bosque de Sèche-Fontaine, cerca de Bar-sur-Aube. Dos años más tarde, en 1084, se instaló en los dominios inaccesibles e inhóspitos de Chartreuse (Cartuja) bajo la protección del obispo de Grenoble, Hugo I. Tras ser llamado por Urbano II para que se hiciera cargo de una legación en el sur de Italia, fundó en 1091 una segunda casa en Calabria, donde falleció en 1101. Mientras tanto, el monasterio de los Alpes había crecido considerablemente, pero no fue hasta su quinto prior, Guigo I († 1137), cuando se establecieron las primeras costumbres. El primer capítulo general se celebró en 1140, y en 1200 había treinta y nueve monasterios cartujos.

La vida cartuja, aunque mixta, privilegia la soledad sobre la vida comunitaria. Los monjes, vestidos de blanco, pasan la mayor parte del día en silencio y abstinencia en sus celdas individuales, compuestas por dormitorio, taller y jardín, donde leen, rezan, copian manuscritos y realizan trabajos manuales. Se reúnen todos los días para celebrar misa, vísperas y maitines. El monasterio lo dirige un prior, que también es responsable de la *correrie*, un edificio separado que alberga a los legos o conversos, laicos responsables de los trabajos que garantizan la autonomía económica del monasterio, y que también han de asistir a los oficios diarios.

3. Bernardo de Claraval y la orden cisterciense

El deseo de recuperar la pureza original de la regla de san Benito dio origen a una de las ramas más importantes de la familia benedictina. Pero la fundación de la orden cisterciense también comenzó con la experiencia del eremitismo. Una vez cumplidos los cuarenta años, Roberto de Molesme (1028-1111), monje benedictino de San Miguel de Tonnerre, decidió internarse en el bosque con un grupo de eremitas. En 1075, se instaló con sus compañeros en Molesme (Borgoña), donde fundó un monasterio que floreció. Muy pronto se planteó la cuestión de la fidelidad a la regla original. En 1098, bajo la protección del arzobispo reformador de Lyon, Hugo de Die, fundó un nuevo monasterio en Císter, al sureste de Dijon, que Pascual II aprobó, con observancia propia, en 1100. El primer abad, Alberico, impuso una interpretación ascética de la regla, insistiendo en la pobreza y el trabajo manual. Su sucesor, Esteban Harding († 1133), desarrolló la orden y consolidó su estructura. En 1119 hizo que el capítulo general aprobara la Carta de caridad, que establecía una disciplina uniforme para el conjunto de la orden, equiparando todas las casas. A su muerte, ya había setenta: en Borgoña, Champaña y Franco Condado, en Francia, pero también en Alemania, Inglaterra e Italia. Esta expansión se vio impulsada en 1112 por la llegada de Bernardo de Fontaine (1090-1153) con una treintena de familiares y amigos. Bernardo se convirtió en el primer abad de Claraval en 1115 y a su muerte dejó unas trescientas cincuenta casas. Posteriormente, la orden siguió creciendo (a finales del siglo XIII contaba con unas de setecientas abadías), más por la integración de casas existentes que por nuevas fundaciones. Císter sustituyó a Cluny: los monjes blancos (el color del hábito cisterciense) representaban dos quintas partes de los regulares franceses a finales del siglo XII.

San Bernardo pretendía guiar a sus monjes profundizando en el sentido místico de la pobreza y la castidad y en el abandono amoroso a Dios expresado en sus sermones sobre el Cantar de los Cantares. Aunque los cistercienses, a diferencia de los cluniacenses, se dedicaban igualmente al trabajo en el campo, también reclutaban a hermanos laicos para realizar tareas materiales y labores pesadas. Estos últimos desempeñaban un importante papel económico gracias a la red de granjas diseminadas por los terrenos que gestionaban. Recuperación de tierras, plantación de viñedos, selección de especies, obras hidráulicas de envergadura, salinas, molinos, forjas, desarrollo de una red comercial: apenas hay un ámbito en el que no demostraran su dinamismo. Poco a poco, abandonando sus principios primitivos y su ideal de pobreza, y debido a la necesidad de dinero en efectivo como consecuencia de su integración en la economía monetaria, la orden aceptó recaudar diezmos y donaciones monetarias. A partir de la segunda mitad del siglo XIII, a medida que disminuía el número de hermanos laicos, la orden fue abandonando la explotación directa de sus tierras en favor de la aparcería.

4. Los canónigos regulares

En 816, Carlomagno les había impuesto a los canónigos una constitución inspirada en Benito de Aniano que los obligaba a rezar el oficio divino, a la clausura y a tener un refectorio y un dormitorio comunes. Su aplicación se volvió menos estricta en la segunda mitad del siglo IX, cuando los capítulos pasaron a estar bajo el control de la nobleza. Desde principios del siglo XI, un movimiento de reforma se extendió de España al norte de Italia, alentado por la reforma gregoriana. Dicho movimiento impulsó la creación de capítulos canónicos que no estaban vinculados a las catedrales, vivían según la regla de san Agustín y estaban destinados principalmente a satisfacer las necesidades litúrgicas y pastorales (servir a las parroquias, predicar, enseñar) de las poblaciones vecinas. Se trataba de llevar una vida regular pero sin romper con el mundo. Así nacieron las congregaciones de canónigos regulares. Las más conocidas fueron la congregación de San Rufo de Aviñón, formada en 1039, que llegó a contar con cerca de mil cien colegiales; la congregación de Arrouaise (cerca de Arras), a partir de 1090; la congregación de Marbach (Alsacia), a partir de 1094, y la congregación de San Víctor de París, fundada en 1110 por Guillermo de Champeaux, *magister scholarum* de Notre-Dame, e ilustrada por teólogos de renombre, como Hugo de San Víctor.

Norberto de Xanten (1080-1134, aproximadamente), capellán del emperador Enrique V, tras haber intentado en vano reformar el cabildo catedralicio de su ciudad en 1115, se puso a disposición del papa Gelasio II, quien le confió la misión de predicar donde quisiera. En 1120, se instaló en el bosque de Saint-Gobain (diócesis de Laon), en un lugar llamado Prémontré, con siete compañeros, a los que pronto se unieron otros. Impuso a su comunidad la regla de san Agustín, completada con reglas ascéticas inspiradas en el Císter. Sus miembros, relevados de las tareas materiales por hermanos laicos (trabajo en los campos) y religiosas (cocina, hilado, costura), se dedicaban a la predicación y a la *cura animarum* (cura de almas) en la parroquia. Aunque abandonó la dirección de la orden al convertirse en arzobispo de Magdeburgo en 1128, fomentó la creación de nuevas colegiatas, sobre todo en Alemania. La orden continuó expandiéndose rápidamente tras su muerte gracias al apoyo de la nobleza, y en el siglo XIII poseía más de seiscientas casas, principalmente en el este de Francia y el norte de Europa, pero también en Inglaterra, España, Italia y Tierra Santa.

5. Órdenes hospitalarias y militares

En los siglos XI y XII, sobre todo en relación con las cruzadas, aparecieron órdenes religiosas que no solo se dedicaban al ascetismo y la oración, sino también a asistir a los enfermos y proteger a los peregrinos.

Las agrupaciones laicas hospitalarias fueron adoptando poco a poco el estado canónico. Hacia 1050, Bernardo de Menthon creó un hospicio para viajeros y peregrinos en el Gran San Bernardo, y a finales del siglo XII, los hermanos laicos que lo ocupaban adoptaron el *ordo canonicus* y la regla de san Agustín. Del mismo modo, en Saint-Antoine de Viennois, la comunidad laica que creó en 1095 Gastón de Valloire para atender a los peregrinos aquejados de ergotismo se extendió rápidamente y se transformó en orden canónica a finales del siglo siguiente. En el siglo XV, los antonianos poseían más de trescientas abadías o encomiendas, con más de diez mil monjes. Cabe asimismo mencionar a los trinitarios, fundados en 1198 por Juan de Mata, que se dedicaban a atender a los enfermos y liberar a los cristianos que habían caído en manos de los sarracenos.

En Tierra Santa, tras la toma de Jerusalén en 1099, el Santo Sepulcro se transformó en catedral. El cabildo que lo atendía adoptó la regularidad y se hizo cargo del hospital de Sainte-Marie-Latine. Organizó grupos de caballeros para proteger a los peregrinos en el camino de Jaffa a Jerusalén, lo que dio origen a los caballeros templarios (hermanos de la milicia del Templo de Jerusalén) y los hospitalarios de San Juan de Jerusalén. Los caballeros alemanes que desempeñaban la misma función en San Juan de Acre se reagruparon en 1191 para formar la Orden de los Caballeros Teutónicos del Hospital de Santa María de Jerusalén, más conocida como «Orden Teutónica».

El patrimonio de las órdenes militares creció rápidamente gracias a las donaciones de tierras y casas, que proporcionaban ingresos en especie y en dinero, sobre todo en Occidente. Crearon encomiendas para gestionar estos bienes, y poco a poco también fueron encargándose de administrar los depósitos en metálico que los cruzados les confiaban antes de marcharse a Oriente, donde recuperaban la cantidad equivalente.

En España, las órdenes militares se desarrollaron durante la Reconquista, auspiciadas por canónigos o cistercienses. A instancias del rey Fernando II de León, en 1171 se creó la Orden de Santiago a partir de los Fratres de Cáceres, que proporcionaba protección a los hospicios de peregrinos en la ruta que llevaba a Santiago de Compostela. La más famosa es la Orden de Calatrava, formada en Castilla después de que los templarios renunciaran a defender la fortaleza de Qal'at Rabah ante la amenaza almohade. En 1158, el abad cisterciense Raimundo de Fitero creó, para defender el castillo, una milicia cuya regla, inspirada en el Císter, era muy estricta. Tomó el nombre de Orden de Calatrava y se organizó en comandancias siguiendo el modelo de los templarios.

IV. El monacato femenino

En la Edad Media había menos monjas que monjes, y la documentación sobre ellas suele ser más irregular. La vida religiosa de las mujeres adoptó formas muy diversas, unas en clausura y otras no. Apenas se vieron afectadas por los movimientos de reforma –en particular, la cluniacense– que se desarrollaron en el siglo X. Por otra parte, la aristocracia ejercía un mayor control sobre el reclutamiento y las rentas de los monasterios que antes. De hecho, era frecuente que se le entregara una casa a un lego o a un clérigo, que desviaba una parte sustancial de los ingresos en beneficio propio. El espíritu de renuncia podía verse afectado por esta patrimonialización de los monasterios por parte de las familias aristocráticas, ansiosas por conservar una salida para las hijas que no se casaban.

Entre los siglos VI y VIII se fundaron numerosas abadías según las reglas de Cesáreo, Columbano o Benito, y muchas fundaciones nuevas adoptaron el modelo canónico, sobre todo en el Imperio y en Italia. Las religiosas no hacían votos y se toleraban la posesión de bienes propios y la residencia privada. Los ingresos monásticos se dividían en un número limitado de prebendas, según un sistema más o menos favorable a la abadesa. En el interior del recinto, las casas canónicas se agrupaban en torno a la iglesia, y la vida en común solía reducirse al oficio. Las canonesas podían salir para visitar a sus familias, para recibir tratamiento médico o en peregrinación.

Hasta el siglo VIII fue frecuente la fundación de monasterios dobles, basados en un modelo procedente de Oriente: dos comunidades de monjes y monjas convivían bajo una misma autoridad (normalmente la de un abad) y compartían un patrimonio común. Los edificios residenciales estaban separados, pero la iglesia era común. Sin embargo, esta organización, que respondía a una división de tareas en función del sexo (los hombres se encargaban de la administración y el servicio divino; las mujeres, de la ropa y la cocina), podía ser vista con recelo. Justiniano ordenó en dos ocasiones la disolución de monasterios dobles, pero sus decretos apenas se aplicaron fuera de Italia. Este modelo siguió siendo próspero en España hasta el siglo XII, sobre todo en la región de Córdoba. En otros lugares decayó ante la difusión de la regla benedictina, y prácticamente desapareció a lo largo del siglo IX en el reino franco y en Inglaterra.

Renació brevemente en el siglo XI, si bien con otras características: la unicidad de los lugares y del patrimonio ya no era sistemática, hombres y mujeres no aplicaban siempre la misma regla (la de san Agustín y la de san Benito, respectivamente) y la proporción numérica entre ambos sexos solía estar muy desequilibrada. Fontevraud es el ejemplo más famoso. Roberto de Arbrissel (hacia 1045-1116), era hijo de un sacerdote bretón –el celibato de los sacerdotes no era la norma en aquella época– y también fue sacerdote; estudió en París y luego fue arcipreste en Rennes antes de trasladarse al bosque de Craon para hacerse ermitaño. Las multitudes acudían a oírlo predicar, y comenzó una vida itinerante seguido por un grupo de personas de ambos sexos. Esto suscitó un escándalo, pero en 1096 Urbano II le encomendó una misión de predicación. Hacia 1101 se estableció finalmente en Fontevraud, cerca de Saumur, donde fundó un monasterio doble bajo la regla de san Benito pero dirigido por una abadesa general que también tenía autoridad sobre todas las casas de la orden. La primera abadesa, Pétronille de Chemillé, fue quien lo organizó realmente. Fontevraud se desarrolló con el apoyo de los Plantagenet, que hicieron de la abadía su necrópolis, pero la proporción de hombres en la orden fue disminuyendo y Fontevraud se convirtió sobre todo en una orden de monjas nobles.

A finales de la década de 1130, Esteban de Obazine fundó dos monasterios en el valle de Coyroux (diócesis de Limoges) para los hombres y mujeres que se habían unido a él en su eremitorio. En 1147, las dos comunidades se afiliaron a la orden del Císter y el abad ejerció la autoridad sobre el monasterio femenino.

En la misma época (1131 y 1139), Gilberto de Sempringham (diócesis de Lincoln) levantó en sus tierras dos monasterios femeninos, con hermanas y hermanos conversos para cultivar la tierra. Dado que el Císter se negó a incorporarlos en 1147, organizó una nueva orden añadiendo una comunidad de canónigos a cada casa. A su muerte en 1189, la Orden de San Gilberto contaba con trece casas –entre ellas, nueve monasterios dobles–, pero en el siglo siguiente solo quedaban dos.

Al igual que Cluny, las nuevas órdenes hubieron de tener en cuenta la gran demanda femenina, debida en parte al crecimiento demográfico del colectivo caballeresco, que dejaba tras de sí numerosas esposas y viudas. Sin embargo, no aceptaron necesariamente su gestión a largo plazo. A principios del siglo XII, Ailbert fundó un monasterio de canónigos regulares en Rolduc (Limburgo neerlandés) que acogía a mujeres, al principio en un claustro separado. En 1140 se trasladaron a un monasterio independiente con su propio dominio temporal, en Marienthal. Del mismo modo, Norberto había empezado a acoger conversas sometidas a una disciplina austera y que se alojaban en prioratos cercanos a los monasterios premonstratenses. Sin embargo, el capítulo general prohibió esta práctica en 1137, y en 1150 solo quedaba un priorato femenino en la orden. A pesar de las repetidas reticencias, Roberto de Molesmes fundó la abadía de Jully-les-Nonnains para las esposas de los caballeros que se habían unido al Císter. Por la misma razón, Jully se extendió después a Tart, cerca de Dijon, que fue gobernada desde el principio por una abadesa y en 1180 estaba a la cabeza de un grupo de dieciocho monasterios bajo el control del abad del Císter.

Las mujeres participaron activamente en el movimiento eremítico, pero con el estatuto especial de reclusas, para las que el cisterciense inglés Elredo de Rieval († 1166) escribió una «regla», *La Vie de recluse*. Las mujeres que elegían esta vida se instalaban, durante un ritual solemne, en un cubículo que solía ser contiguo a una iglesia y tenía una ventana que les permitía seguir los oficios. No podían salir sin permiso de las autoridades eclesiásticas y a menudo eran asistidas por una criada que pedía comida para ellas.

3. Un nuevo monacato: las órdenes mendicantes

Las abadías, propietarias de grandes terrenos, desempeñaron un papel fundamental en los cambios agrícolas del siglo XII, pero permanecieron al margen del crecimiento de las ciudades. El clero secular urbano se benefició del enriquecimiento general; sobre todo, los obispos y su entorno. Y más que nunca, la cuestión de la pobreza y la riqueza material volvió al centro de las preocupaciones sobre la salvación. Se desarrollaron movimientos más o menos heterodoxos. Los patarinos, que aparecieron en Milán en el siglo XI para denunciar la riqueza del clero, fueron evolucionando poco a poco hacia el catarismo y se los consideró herejes desde finales del siglo siguiente. En el siglo XII, Arnaldo de Brescia encabezó en la propia Roma una revuelta contra el poder temporal del papa, al que instó a concentrarse en el anuncio del Evangelio. El deseo de «seguir desnudo a

Cristo desnudo» llevó al lionés Pedro Valdo a predicar la pobreza absoluta; el movimiento al que dio origen fue declarado definitivamente herético por el IV Concilio de Letrán en 1215. Y en Languedoc, a principios del siglo XIII, los cátaros estaban a punto de suplantar a los fieles de la Iglesia romana. El relativo abandono religioso de las ciudades y el éxito de los movimientos heterodoxos revelaban las debilidades del clero: los cistercienses no consiguieron reconducir a los cátaros a la doctrina oficial.

I. Francisco de Asís (1182-1226) y la familia franciscana

Francisco, hijo de un comerciante de telas de Asís (Umbría), nació en una época en que la reivindicación de la pobreza estaba en su apogeo. Su conversión lo llevó a vivir primero como penitente, en radical humildad y pobreza, para ajustarse al modelo de Jesucristo. A diferencia de los movimientos antes mencionados, Francisco, que nunca fue sacerdote, mostró la máxima sumisión al clero y a la Iglesia. A partir de 1209, comenzó a atraer seguidores, a los que denominó «hermanos menores» y organizó inicialmente como una fraternidad con una estructura ligera. Tras recibir la autorización del papa Inocencio III, Francisco recorrió con ellos el centro de Italia predicando. El rápido aumento del número de hermanos (laicos y clérigos) que se le unían atraídos por su personalidad carismática desembocó, a su pesar, en la creación de una orden religiosa. El papa le confió al cardenal Ugolino la tarea de supervisar el movimiento. El IV Concilio de Letrán había prohibido reglas nuevas y había sometido todos los institutos regulares a las de san Benito o san Agustín, pero hizo una excepción con el reglamento de los hermanos menores. En 1217, el primer capítulo general reunió a cerca de cinco mil frailes en Asís. El segundo, en 1219, animó a los hermanos menores a dedicarse a la conversión de los infieles. Mientras tanto, siguiendo los pasos de Clara Offreduccio, una joven noble de Asís (a quien se conocería como Clara de Asís), las mujeres se unieron a los hermanos menores y se constituyeron como comunidad regular a partir de 1215; desde el siglo siguiente se las conocería como «clarisas». En 1221, Ugolino redactó, a petición de Francisco, un reglamento para una tercera orden laica bajo la guía de los frailes. Pero cuando murió, el 4 de octubre de 1226, Francisco solo les había dejado a sus hermanos una regla espiritual, redactada en dos etapas (1221 y 1223), que no podía utilizarse tal cual para el gobierno de una orden religiosa.

La orden fue más o menos fiel a la recomendación de pobreza que Francisco dejó en su *Testamento*: «Cuiden los hermanos de no aceptar jamás iglesias, pobres moradas o cualesquiera otros edificios construidos para ellos, a no ser que se ajusten a la santa pobreza que hemos prometido en la regla, y de morar en ellos como forasteros y peregrinos». Según él, la pobreza y la humildad proporcionan la libertad de entregarse sin retorno al amor de Dios y de las criaturas, en la alegría de cada momento. Francisco insistía asimismo en el culto eucarístico, fundamento de la dignidad sacerdotal, y en la devoción a la humanidad de Cristo, que enriqueció con una nueva práctica: el belén de Navidad.

Dedicados principalmente a la predicación y las obras de caridad, y sin poder vivir de las rentas de ninguna propiedad, los frailes no estaban enclaustrados. Francisco había previsto que trabajaran o mendigaran allí donde predicaran; los conventos debían vivir de las colectas organizadas en la ciudad y sus alrededores. A su muerte, los hermanos menores ya estaban presentes en toda la cristiandad latina (Italia, Francia, Alemania, Inglaterra y España). Un siglo más tarde, eran cerca de cuarenta mil, repartidos en mil cuatrocientos cincuenta conventos. La regla de 1223, corregida por Ugolino, guiaba la vida de los frailes, llamados «cordeleros» por el cordón que llevaban como cinturón. Sus conventos estaban gobernados por un custodio elegido y agrupados en provincias que dirigían los ministros provinciales elegidos. La dirección de la orden era responsabilidad conjunta del ministro general y el capítulo general, que se reunía cada tres años y elegía al ministro general. Un cardenal protector, nombrado por el papa, velaba por la ortodoxia de los hermanos y la aplicación de la regla. Muy pronto la orden se vio dividida, por una parte, por las tensiones entre clérigos y laicos, y, por otra, entre los partidarios de una estricta fidelidad al ideal primitivo de pobreza evangélica y los que estaban a favor de que la orden pudiera recibir propiedades y cobrar rentas.

II. Domingo y los frailes predicadores

Por la misma época, Domingo de Guzmán (c. 1170-1221) organizó a los frailes predicadores. A diferencia de Francisco, Domingo era clérigo; contaba con una buena formación bíblica y teológica, y era superior del cabildo catedralicio de Osma (Castilla), que había adoptado la regla de san Agustín. Tras haber cruzado por primera vez la región del Languedoc acompañando a su obispo Diego en misión diplomática a Dinamarca, regresó con él entre 1205 y 1206 para echar una mano a los legados cistercienses enviados por Inocencio III para frenar el catarismo. En 1207, crearon una comunidad en Prulla para las jóvenes cátaras convertidas. En 1215, el obispo de Toulouse reconoció la comunidad de clérigos predicadores que Domingo había fundado unos años antes en la ciudad. Sometida a la regla de san Agustín, su vocación era «extirpar la corrupción de la herejía, expulsar los vicios, enseñar la regla de la fe e inculcar a los hombres las sanas costumbres». Su aprobación por Honorio III en 1216 confirmó el nacimiento de la nueva orden, conocida como «los frailes predicadores». A partir de 1217, los frailes se dispersaron por varias ciudades, como París, Orleans y Bolonia, renombrados centros universitarios, para reforzar su cultura teológica con vistas a la predicación. En 1221, cuando Domingo falleció, la orden poseía veinticinco conventos repartidos en cinco provincias, con unos quinientos frailes y un centenar de monjas. Los estatutos que se adoptaron en los capítulos generales de 1241 y 1259 dieron a la orden su forma definitiva.

Tras hacer los votos de obediencia, pobreza y castidad, cada hermano era destinado a un convento para ampliar su formación intelectual y recibir las órdenes sagradas. Su vida se dividía entre el convento, donde enseñaba a los hermanos más jóvenes mientras se dedicaba a la oración y la meditación, y el mundo exterior, donde predicaba. No tenía nada propio, y no estaba previsto que hiciera ningún trabajo manual. Al igual que los hermanos menores, los predicadores hicieron de la pobreza el fundamento de su vida: «Hemos decidido ser pobres, de tal manera que no tengamos inquietudes por el mañana y no recibamos de nadie oro, plata ni nada por el estilo, salvo nuestro vestido y comida diarios». Cada convento elegía a su propio prior. El órgano supremo de la orden era el capítulo general anual, cuyas decisiones ejecutaba el maestro general, elegido de por vida. En 1220, el cardenal Ugolino le encomendó a Domingo una gran campaña de predicación en Lombardía, en la que participaron varias órdenes. Elegido papa con el nombre de Gregorio IX, confió a los predicadores la responsabilidad de la Inquisición, establecida en 1231 para extirpar la herejía de Languedoc y Provenza.

III. Las otras órdenes mendicantes

El gusto por el desierto también predominó en los orígenes del Carmelo. A finales del siglo XII, un cruzado de Calabria llamado Bertoldo estableció una comunidad de eremitas en el monte Carmelo, en Palestina, cerca de la gruta conocida como la «cueva del profeta Elías». Hacia 1209, el patriarca Alberto de Jerusalén redactó una regla para la comunidad, que fue aprobada en 1226 por Honorio III. La reconquista de Palestina por los musulmanes obligó a los carmelitas a retirarse a Europa en 1238. Al tiempo que se establecieron en Sicilia, Francia e Inglaterra, adoptaron un estilo de vida cenobítico centrado en la predicación y el estudio. Inocencio IV admitió la nueva orden (que desde mediados del siglo XIII fue conocida como la Orden de los Hermanos de la Bienaventurada Virgen María del Monte Carmelo) como orden mendicante en 1247. A principios del siglo siguiente, había unas ciento cincuenta casas en Europa, repartidas por doce provincias (veintiuna a finales del siglo XIV). La rama femenina, al igual que la tercera orden, no apareció hasta el siglo XV, a instancias de Francisca de Amboise († 1485) y el prior general Juan Soreth († 1471).

En 1243, Inocencio IV también había creado una nueva orden mendicante, los Ermitaños de San Agustín, que reunía a los grupos eremíticos de la Toscana. En 1256, absorbieron a otras comunidades del mismo tipo, como una parte de los guillermitas, fundada un siglo antes cerca de Siena. La orden, cuyas constituciones se ultimaron en los capítulos generales de 1287 y 1290, se expandió rápidamente: en el siglo XIV, unos treinta mil religiosos vivían en unos dos mil conventos y cuarenta y dos provincias, desde Sicilia hasta Irlanda y desde Andalucía hasta Polonia. Pronto aparecieron también las monjas eremitas de san Agustín, que sumaban unos trescientos conventos.

Otras fundaciones, de importancia regional, estuvieron vinculadas a los mendicantes. La Orden de la Penitencia de Jesucristo, o «hermanos del saco», fundada en Provenza en 1248, se extendió por Francia, Inglaterra y las ciudades textiles de Flandes. Los Siervos de María, fundados por siete mercaderes florentinos hacia 1240, se extendieron por el centro y el norte de Italia.

A partir de mediados del siglo XIII, la vida regular se organizó siguiendo dos líneas no excluyentes. Por un lado, la vía contemplativa, basada en el modelo cenobítico benedictino o el modelo eremítico cartujo. Por otro, una vía más activa, orientada hacia la pastoral y la asistencia, que podía basarse tanto en el modelo canónico como en el nuevo modelo de las órdenes mendicantes, caracterizado por el rechazo de la propiedad y por la predicación. Estas últimas habían contado con el apoyo del papado, y su organización reflejaba la centralización romana que se hallaba en curso en la Iglesia: la autoridad suprema recaía en un capítulo general, que solía celebrarse cada tres años, y un prior general que aplicaba sus decisiones; cada provincia se encontraba bajo la responsabilidad de un provincial elegido por los priores de los conventos, que también solían ser elegidos por un periodo de tres años. Su vocación era recibir misiones del papa por todo el mundo católico. Fueron los primeros misioneros en Oriente Próximo y los países del este de Europa. El papado les confió la Inquisición a los mendicantes, en especial a los predicadores. La predicación y la lucha contra la herejía implicaban una sólida formación intelectual: Roma apoyó con decretos la integración de mendicantes en los cuerpos docentes universitarios, y la Sorbona se vio obligada a ceder en 1257 tras cinco años de áspero conflicto. Del mismo modo, el episcopado tuvo que reconocer el derecho de los mendicantes a predicar y confesar. Las numerosas tensiones que se produjeron sobre este tema se fueron aplacando poco a poco con el decreto *Super cathedram* (1300) de Bonifacio VIII, que, sin embargo, mostró sus reservas con los hermanos menores: los frailes debían pedir permiso al párroco para predicar y confesar en una iglesia parroquial, pero a nivel diocesano, el obispo estaba obligado a conceder el derecho a un número determinado de religiosos que debían presentarse ante él. En los lugares públicos, los mendicantes gozaban de una libertad casi total para predicar. Además, ejercieron una gran influencia en la piedad de los fieles, gracias, en parte, a sus terceras órdenes, que difundieron el culto eucarístico, la devoción afectiva a María y a la humanidad de Cristo y la práctica de la confesión (en aplicación de la obligación anual decretada por el IV Concilio de Letrán).

J. Le Goff señaló el vínculo tan especial que los mendicantes tenían con el mundo urbano. La ciudad –que era el lugar en el que preferían establecerse– era el objetivo de su apostolado y, además de ser la fuente principal de las limosnas y donativos con los que se mantenían, también les ofrecía una posible sede universitaria en la que formarse y enseñar. Al principio se instalaron en las afueras, pero después, en muchos casos, se trasladaron al centro. Estaban encantados de apoyar a los laicos en la lucha contra la herejía: así, el dominico Pedro Mártir estableció la *Sociedad de la Fe* en Milán y Florencia. A partir del siglo xv, surgieron en su órbita cofradías de penitentes o de piedad, y especialmente, las del Rosario. No dudaban en acoger las asambleas de los órganos municipales, los entierros de los regidores o incluso, como en Italia, los archivos del ayuntamiento o en recibir donativos (sobre todo, en madera o cera) y ofrendas. Mientras que los frailes predicadores preferían conventos bastante grandes en ciudades bastante importantes, los hermanos menores preferían conventos más pequeños en ciudades más modestas.

IV. Las beguinas

Si bien independiente en sus orígenes y organización, el movimiento de las beguinas mantuvo estrechos vínculos con las órdenes mendicantes que lo impulsaron. Surgió en Lieja a finales del siglo xii y durante el siglo siguiente se extendió rápidamente por el noroeste de Europa, a ambos lados del Rin. Fue la primera forma de vida religiosa femenina sin clausura, lo que sin duda explica su atractivo para las mujeres a las que les cautivaba la espiritualidad de las mendicantes pero se mostraban reacias a convertirse en monjas. Laicas, generalmente solteras o viudas, procedentes sobre todo de la burguesía mercantil o del sector más acomodado del comercio o la producción, las beguinas podían hacer votos, sobre todo, de castidad, pero también de humildad, caridad y obediencia. Vivían en pequeñas casas individuales, a veces agrupadas en torno a una capilla dentro de un recinto, los famosos beguinajes característicos de Flandes. En este caso, formaban una comunidad en la que disfrutaban de una prebenda, lo que no les impedía disponer libremente de sus bienes. No se les permitía recibir invitados y solían comer solas. Su jornada se dividía entre ejercicios religiosos y actividades caritativas que les permitían salir a la ciudad, normalmente para atender a los enfermos, aunque tenían que estar de vuelta para el servicio común vespertino. También podían realizar trabajos manuales, como tejer, lo que les granjeaba la hostilidad de los gremios, que denunciaban su competencia. Los grupos de beguinas estaban dirigidos por una o dos damas. Por lo general, estaban bajo la dirección espiritual de un convento de mendicantes, cuyos monjes también podían desempeñar el papel de gobernadores del beguinaje: controlaban la admisión de postulantes, la elección de las damas y la exclusión de las infractoras.

Así, en Metz, el beguinaje de Grand Cantipré (1249) se sometió al patrocinio del prior de los dominicos, mientras que el beguinaje de Petit Cantipré (1275) asumió el de los carmelitas.

Las beguinas suscitaron desconfianza entre las autoridades eclesiásticas. Su libertad y su modo de vida, no sujeto a ninguna regla, resultaban desconcertantes. Como laicas, no se encontraban bajo la supervisión directa del obispo. Paradójicamente, dado su estatus, que les garantizaba una verdadera seguridad material, defendían un ideal de pobreza evangélica cuyo significado místico parecía un tanto subversivo. En 1233, el inquisidor Conrado de Marburgo las denunció en el Concilio de Maguncia. El Concilio de Viena (1311) las condenó por falsa piedad y herejía. El año anterior, una de ellas, Margarita Porete, había sido quemada en la hoguera de la plaza de Grève de París. Sus jueces habían visto en su libro, *El espejo de las almas simples*, una exposición de la doctrina herética del Espíritu Libre, que rechazaba todos los intermediarios (sacramentos, sacerdocio, Iglesia) para llegar a Dios. Para Margarita, el alma deificada se identificaba con la voluntad divina y, por tanto, ya no podía pecar. Generalmente se considera que la mística del siglo XIII Hadewijch de Amberes desempeñó un importante papel en el desarrollo de las beguinas.

Los beguinajes, estrechamente supervisados, se integraron en la tercera orden de mendicantes en 1446. Pero en algunos casos ya habían evolucionado hacia un monacato institucionalizado. Por ejemplo, uno de los grupos de Metz se convirtió en convento de clarisas en 1258, otro ingresó en la orden dominica y un tercero adoptó la regla de san Agustín y sus integrantes se convirtieron en canonesas regulares. J. Soreth creó la rama femenina del Carmelo impulsando la transformación de varios beguinajes de los Países Bajos en monasterios de monjas de clausura.

4. ¿Una crisis de los regulares a finales de la Edad Media?

I. El tema de la «decadencia»

Durante mucho tiempo, el final de la Edad Media, y en particular el siglo XIV, se ha descrito como un periodo de crisis para el monacato latino en su conjunto: «Estaban tocando el fondo del abismo» (F. Rapp). Durante este periodo se enfrentaron monjes reformadores y monjes «deformados». Los primeros criticaban a los segundos por su «laxitud», y los historiadores han seguido a menudo su ejemplo al estigmatizar esta época como un periodo de «decadencia», contra el que se alzaron providencialmente las almas enamoradas de lo absoluto, fermentos de renovación. ¿Qué se denunciaba bajo la acusación de «laxitud»? Las quejas se dirigían contra el relajamiento de la disciplina y la porosidad de la clausura, que permitía a los laicos visitar los monasterios y amenazaba la virtud de la castidad, así como contra el enriquecimiento y la renuncia al trabajo manual, que hacían olvidar la santa pobreza. Los hechos no siempre demostraron que no tuvieran razón. Muchos benedictinos abandonaron el dormitorio común en favor de las celdas, los mendicantes acumularon reservas y las canonesas vivían cómodamente a la espera de casarse. La dispensa alentó el movimiento al exonerar a los monasterios de cualquier control que no fuera el del papado: el Concilio de Viena (1311-1312), conocido sobre todo por haber declarado la supresión de la orden templaria, había propuesto sin éxito su abolición. Roma pareció favorecer esta evolución: Juan XXII (1316-1334), en contra de los franciscanos «espirituales», condenó la doctrina de la pobreza de Cristo y los apóstoles y transformó varios monasterios de Italia y el sur de Francia en capítulos catedralicios para diócesis de nueva creación. Desde mediados del siglo XIV, los papas empezaron a designar directamente a los abades, en contra del principio de elección establecido en la regla de san Benito: los «reservatarios» pertenecían a la orden, pero no residían en ella y retiraban una parte de los ingresos de la comunidad. En el siglo siguiente, Eugenio IV (1431-1447) y su sucesor Nicolás V (1447-1455) concedieron bulas «mitigadoras» de su regla a varias abadías. Al mismo tiempo, comenzó a extenderse la práctica de la encomienda, que duraría hasta el final del Antiguo Régimen: estos abades, la mayoría de las veces ajenos al mundo monástico y nombrados por los príncipes, recibían una parte, a menudo la mayor, de los ingresos de la abadía y no mostraban ningún interés por su monasterio. Por otra parte, las incorporaciones, sin llegar a extinguirse, disminuyeron considerablemente: en Cluny, el número de monjes descendió de ciento veinte a sesenta entre 1360 y 1420; los dominicos registraron unas treinta profesiones al año hacia 1380, y unas veinte hacia 1400; los cistercienses ingleses se reducían a una media de diez por monasterio en el siglo xv, etc.

Pero conviene inscribirlos en su contexto. Durante el siglo xiv se produjo en Occidente una crisis demográfica y económica de larga duración que se vio agravada por largas guerras y revueltas sociales; fue un periodo difícil que no se superó realmente hasta la década de 1470. La crisis fue también religiosa y alcanzó su periodo más oscuro con el Gran Cisma de Occidente (1378-1417). Se ha señalado que el declive no afectó a todas las órdenes. Los monjes cartujos, por ejemplo, a pesar de estar divididos en dos obediencias en la época del Gran Cisma, siguieron fundando nuevos monasterios y continuaron expandiéndose: se pasó de ciento siete monasterios hacia 1350 a casi doscientos hacia 1500. Se fundaron nuevos monasterios incluso en Inglaterra, Pomerania y las Baleares. En el siglo xiv también se crearon nuevas órdenes. En España, los jerónimos (o Pobres Eremitas de San Jerónimo), canónigos regulares, aprobados por Gregorio XI en 1373, se multiplicaron rápidamente en la península e inspiraron una creación similar en Italia. En esta región, los jesuatos fueron fundados por un comerciante sienés, Juan Colombini, y aprobados por Urbano V en 1367: hermanos laicos (hasta 1606) que seguían la regla de san Agustín y se dedicaban al servicio de los enfermos. En Suecia, la Orden del Santísimo Salvador, fruto de una revelación de Brígida de Suecia, se estableció en Vadstena en 1369: tras adoptar la regla de san Agustín, recuperó la antigua organización de los monasterios dobles, con canónigos que aseguraban el servicio religioso a la comunidad femenina más importante, y se extendió hasta Inglaterra y Roma.

Los fenómenos señalados no eran nuevos. Por ejemplo, M. Parisse ha demostrado lo difícil que era distinguir entre capítulos regulares y monasterios femeninos mucho antes del final de la Edad Media, ya que la clausura en sí no siempre era un criterio relevante. Tampoco se esperaba a que las grandes abadías se sometieran a encomienda para distinguir entre la parte de las rentas destinada al abad y la que debían compartir los monjes. Es más, aunque no estuvieran secularizados en capítulos canónicos, muchos monasterios habían dividido, ya en la Edad Media, sus ingresos en partes individuales para cada monje, lo que suponía limitar el número de plazas disponibles para las incorporaciones. Por otra parte, la estabilización del monacato sobre la base de la regla benedictina a partir del periodo carolingio no significó que se aplicara al pie de la letra en todos los monasterios, aunque no todos fueron calificados de decadentes o laxos. Otro ejemplo nos invita a matizar el juicio: entre los mendicantes, principalmente los franciscanos, el debate sobre la pobreza y el uso del dinero no lo desencadenó ninguna reacción ante algún tipo de decadencia, sino que tuvo lugar desde los mismos inicios de la orden. La cuestión de la porosidad de la clausura fue asimismo un tema clásico del antimonacato medieval, cualquiera que fuera el periodo considerado. Por último, como veremos, los renacimientos de la Baja Edad Media no siempre supusieron una vuelta a una mayor austeridad.

De hecho, el debate entre rigorismo y relajación es consustancial a la institución monástica, que se vive a diario y no se ordena en etapas sucesivas. De ahí la simultaneidad de evoluciones contradictorias: relajación por aquí, renovación por allá. Como ha mostrado J. M. Le Gall, la relajación de los «deformados» se describe sobre todo a través del discurso de los «reformadores»: es casi un lenguaje acartonado, que utiliza *topoi* necesarios e intercambiables de un caso a otro. Por eso los primeros se oponen a menudo a los segundos con buena conciencia, porque, aunque no sean ascetas extremos, no tienen la impresión de ser malos monjes. Lo que está en juego en este debate es el umbral de la renuncia y la ruptura con el mundo que parece haber sido el detonante de la elección de la vida religiosa desde sus orígenes: la tensión entre relajación y ascetismo es inherente a la vida religiosa, pero ¿a partir de qué grado de ascetismo es verdadera la renuncia? Si la austeridad ya no es el objetivo primordial, entonces puede haber una forma de monacato más complaciente, pero no por ello menos auténtica. La cuestión que se le plantea al historiador es más bien comprender por qué el debate entre los «deformados» y los «reformados» se situó principalmente entre los siglos XV y XVII, cuando el problema fundamental reside más bien en la capacidad de la institución monástica de responder a las expectativas de su época. La decadencia de ciertas casas u órdenes y la creación de nuevas organizaciones y formas de vivir se explican más por el hecho de encontrarse en un contexto social y cultural en constante evolución que por la mera conformidad con la regla de vida.

II. El movimiento de reforma bajo la regla de san Benito

Los movimientos reformistas de este periodo no solo reivindicaban la pureza original de la observancia. Ciertamente, se recordaron las limitaciones de los tres votos, la obligación de estabilidad y la clausura, pero no todos abogaban por el rigorismo; por el contrario, la mayoría de las normas nuevas permitían suavizar la vida cotidiana. Sin revertirse el progresivo abandono del trabajo manual, se valoró el trabajo intelectual y la necesidad de adquirir una amplia cultura religiosa, lo cual marcó el inicio de la evolución hacia la formación, dos siglos más tarde, de las congregaciones benedictinas que se convertirían en la cuna de la erudición eclesiástica e histórica.

1. Los intentos de reforma de Benedicto XII

Antiguo monje cisterciense, Benedicto XII (1334-1342) intentó insuflar un nuevo dinamismo a las órdenes religiosas promulgando nuevas constituciones. Las más importantes concernían a los monjes que observaban la regla de san Benito y a los canónigos regulares. En 1335, la bula *Fulgens sicut stella*, aunque admitía algunas relajaciones en la disciplina cisterciense, les recordaba a los abades sus deberes y las exigencias del cenobitismo y rompía con la tradición al subrayar la importancia de los estudios teológicos. Al año siguiente, la constitución *Summa magistri*, conocida como «la Benedictina», aunque insistía en la disciplina, trató de agrupar todas las congregaciones y abadías benedictinas en treinta y seis provincias, cuyos gobernantes se reunirían cada tres años en capítulo general. En 1339, una tercera constitución quiso recordarles a los canónigos regulares la importancia de la vida comunitaria, la residencia y la formación intelectual para la predicación y la enseñanza, pero sus sucesores inmediatos no siguieron dicha política y la mayoría de las medidas que se habían tomado apenas llegaron a aplicarse.

2. Las congregaciones benedictinas reformadas

No todas las abadías benedictinas se vieron afectadas por las reformas. Las que lo hicieron se agruparon en congregaciones, a menudo de ámbito regional, que poco tenían que ver entre sí. Esta compartimentación se vio sin duda favorecida por la aparición del sentimiento nacional. En Italia se formaron las congregaciones de Monte Oliveto y Santa Justina de Padua. La primera, aprobada por Clemente VI en 1344, se extendió por toda la península y reformó, sin agregarlas, las abadías de Subiaco y Montecasino; llegó a incluir un centenar de casas, y quedó bajo la autoridad del abad de Monte Oliveto, elegido por tres años, y del capítulo general anual. Esta organización, influida por las órdenes mendicantes, inspiró la de Santa Justina de Padua, aprobada por Martín V en 1419. El capítulo general, compuesto principalmente por monjes y no por abades, asumía la autoridad suprema, y el reverendo padre, presidente anual, aplicaba sus decisiones. Reunió hasta sesenta monasterios, sobre todo en Italia, donde fue uno de los principales vectores de la *devotio moderna* (véase pág. 76).

La misma influencia de los mendicantes se aprecia en la congregación formada a partir de 1479 en torno a la abadía de Chezal-Benoît, en la diócesis de Bourges. El abad Pierre du Mas restauró una disciplina austera y fomentó el trabajo intelectual. La congregación estaba gobernada por un capítulo general, y los abades de cada monasterio eran elegidos por un periodo de tres años. La congregación estaba formada principalmente por monasterios ubicados al norte del Loira. En el resto de Francia, de acuerdo con la Benedictina de Benedicto XII, algunas abadías, como la de Saint-Benoît-sur-Loire, organizaban capítulos provinciales. Cluny también adoptó nuevos estatutos en 1458 bajo el impulso del abad Jean de Bourbon.

En el sur de Alemania, el ideal reformador se desarrolló a partir de la abadía de Melk, donde, con el apoyo del duque de Austria y el obispo de Posen, se eligió a un monje de Subiaco. Él puso en práctica los estatutos olivetanos y poco a poco consiguió que los monasterios vecinos se adhirieran a la reforma. Así se formó la «unión de Melk» (diecisiete abadías en 1470), en la que cada abadía elegía a su propio abad. En el norte, Juan Dederoth participó en el origen de la congregación de Bürsfeld, abadía que él mismo reformó en 1434 y en la que impuso a cuatro monjes que se habían formado en San Matías de Tréveris. Este monasterio había adoptado una disciplina relajada en cuanto a la comida y el alojamiento, pero insistía en la práctica de la caridad y de los consejos evangélicos, así como en el trabajo intelectual. Sin embargo, Dederoth impuso una mayor austeridad. Su sucesor, Juan Hagen, organizó la congregación en 1446, y esta se extendió desde Dinamarca hacia los Países Bajos y hasta el Meno, agrupando cerca de cien monasterios en vísperas de la Reforma.

Al igual que la «unión de Melk», la congregación fundada en España en 1436 en torno a San Benito el Real de Valladolid evolucionó hacia finales de siglo hacia una organización flexible, en la que cada casa elegía libremente a su abad por un periodo de tres años. Asimismo, se daba más importancia a la oración y la meditación individuales, pero con un espíritu de austeridad que insistía en la clausura y el silencio. A finales del siglo XV, la congregación sumaba cuarenta y cinco monasterios.

En cuanto a los cistercienses, se vieron duramente afectados, no solo por la crisis económica de la Baja Edad Media, sino también por el Gran Cisma, que dividió a la orden y contribuyó a aflojar los lazos entre las casas madre y sus «hijas». Algunas de ellas dejaron de enviar representantes a los capítulos generales. En el siglo XV surgieron movimientos de reforma a partir de iniciativas y personalidades locales, como Jean Soulaz en Turena y el abad de Val-Notre-Dame, que actuaba desde Poitou hasta Borgoña, pasando por Lyonnais. El capítulo general de 1494 promulgó nuevos estatutos que se aplicaron de forma desigual. En España, el movimiento lanzado por Martín de Vargas desembocó en la formación de una congregación que rompió todo vínculo con el capítulo general de la orden: la Regular Observancia de San Bernardo, con unos cuarenta monasterios. En Italia, Alejandro VI aprobó la congregación de Lombardía y la Toscana (cuarenta y cinco monasterios) en 1497. En los Países Bajos y Alemania, la reforma siguió las recomendaciones de Benedicto XII sobre el trabajo intelectual: las escuelas cistercienses adquirieron cierta reputación, al igual que los colegios que crearon cerca de universidades como las de Heidelberg, Praga y Cracovia.

III. Los hermanos menores: la disputa por la pobreza y el nacimiento de la observancia

Poco después de la muerte de Francisco de Asís, surgieron fuertes tensiones en el seno de la orden franciscana entre los espirituales, que no querían sacrificar nada del ideal primitivo de una fraternidad de religiosos mendicantes y trabajadores, y los conventuales, que, como el sucesor de Francisco, Elías de Cortona, no querían sacrificar la labor apostólica de predicadores teológicamente formados por las limitaciones de la pobreza. Este último, que inició la construcción de la basílica de Asís, fue depuesto en 1231 en favor de los conventuales, que dieron un gran paso adelante. Por una parte, reforzaron la vida cenobítica y clericalizaron la orden excluyendo a los hermanos laicos de funciones y dignidades. Por otro, en 1245, obtuvieron de Inocencio IV la bula *Ordinem vestrum*, que atribuía a la Santa Sede la propiedad de los bienes (casas, libros) utilizados por los hermanos. Dos años más tarde, la gestión financiera de cada provincia le fue confiada a un procurador. Era como si los hijos del *Poverello* se hubieran convertido en propietarios y la propiedad de la Santa Sede fuera puramente teórica. A pesar de la división entre conventuales y espirituales sobre esta cuestión esencial, el ministro general Buenaventura logró imponer el compromiso definido por la bula *Mare magnum* (1258) y las constituciones adoptadas por el capítulo de Narbona (1260): los franciscanos debían dedicarse al estudio y la predicación y mantenerse fieles a la pobreza personal.

Pero la crisis estalló de nuevo a partir de 1274 y se agravó por la hostilidad del papado hacia los espirituales, en particular Ubertino de Casale, que preconizaba el abandono de los estudios filosóficos y la práctica de una pobreza radical. Clemente V logró un nuevo apaciguamiento en 1312 (bula *Exivi de paradiso*) renovando las posiciones de Buenaventura, pero reconociendo también la ortodoxia de Ubertino y sus compañeros. La reanudación de los debates en el siglo XIV no impidió que la orden siguiera creciendo hasta convertirse en la más numerosa de la cristiandad: cuarenta mil hermanos en mil cuatrocientos cincuenta conventos en 1340, y sesenta mil en más de tres mil conventos en vísperas de la Reforma. De la corriente de los espirituales surgió el grupo de los *fraticelli* («pequeños hermanos»), fuertemente influidos por el milenarismo de Joaquín de Fiore e inclinados a cuestionar la autoridad de una jerarquía acusada de intentar obligarlos a traicionar el ideal evangélico. Fueron procesados. En 1317, Bernard Délicieux fue condenado a la hoguera en Narbona, pues el tribunal juzgó herética su propuesta de que Cristo y los apóstoles hubieran vivido en la pobreza absoluta. Ahora bien, esta idea la defendieron también los conventuales, que intentaron intervenir ante el papado en Aviñón. Este último lo consideró una crítica a su riqueza y una llamada a la reforma de la Iglesia *in capite*. Una bula de 1324 afirmaba que Cristo, incluso habiendo vivido pobre, había ejercido el derecho de propiedad. La crisis alcanzó entonces su apogeo. En 1327, el ministro general de la orden, Miguel de Cesena, declaró hereje y falso papa a Juan XXII, por lo que fue inmediatamente arrestado. Tras escapar, se unió al emperador Luis IV de Baviera, que hizo elegir a un antipapa, Nicolás V, que era espiritual, tendencia a la que se adhirió Miguel de Cesena en nombre de toda la orden. El cisma franciscano llegó a su fin con la elección de Benedicto XII, pero este renovó su condena de los *fraticelli* en 1336. Perseguidos a partir de entonces como herejes, siguieron existiendo en Italia hasta el último cuarto del siglo xv.

El acercamiento entre conventuales y espirituales, y la posterior eliminación de los *fraticelli*, allanaron el camino para la reforma dentro de la orden. Esta se desarrolló a partir de mediados del siglo xiv, basada en la sumisión a los privilegios pontificios, el rechazo de toda propiedad y la restauración del eremitismo en el seno de la orden. Este movimiento, conocido como «la observancia», lo organizaron Bernardino de Siena (1380-1444) y Juan de Capistrano (1385-1456). Primero se extendió por Francia y luego por todo el Imperio, hasta Polonia y Hungría, con el apoyo del Concilio de Constanza, que permitió a los observantes tener sus propios vicarios provinciales y un vicario general de la observancia adjunto al ministro general de la orden. En 1458, Pío II reconoció definitivamente la autonomía de los observantes. A partir de entonces, estos tuvieron una organización independiente de la de los conventuales, hasta que se dividieron en dos órdenes distintas por la bula *Ite et vos* de León X en 1517.

Este movimiento de reforma afectó asimismo a la rama femenina de la orden, bajo la dirección de Coleta de Corbie (1381-1447), que fue beguina, terciaria y reclusa antes de convertirse en clarisa. En el Franco Condado, Borbonés y el norte de Francia, fundó o reformó diecisiete conventos, a los que impuso una mayor pobreza y una clausura más estricta.

IV. El movimiento de reforma entre los predicadores

El debate sobre la pobreza también se había abierto entre los dominicos, pero, más que por razones espirituales o teológicas, como consecuencia de abusos individuales del sistema de colectas o debido a que los ingresos procedentes de este tendían a disminuir debido a la situación económica. Para ellos la pobreza no revestía el carácter identitario que había adquirido para los franciscanos. A principios del siglo xiv, la orden contaba con unos quince mil religiosos repartidos en casi quinientos cincuenta conventos y veintiuna provincias. En 1337, Benedicto XII autorizó a la orden a tener propiedades y a abandonar su referencia a la «pobreza común», que consistía en recurrir únicamente a la limosna, adquirir solo bienes útiles y no buscar el lucro. Pero esta medida provocó fuertes tensiones. En la segunda mitad del siglo empezó a surgir una tendencia: vivir de un modo más canónico que cenobítico y, por tanto, descuidar la práctica individual de la pobreza.

Se habían reunido las condiciones para la aparición de un movimiento de observancia, que se organizó bajo la inspiración de predicadores como Vicente Ferrer (1350-1419) y religiosos del entorno de Catalina de Siena (1347-1380). Raimundo de Capua, confesor de Catalina y maestro general de la orden dominica, se encargó de la dirección. El primer convento reformado fue el de Colmar, en 1389; más tarde, el movimiento se extendió por Alemania y los Países Bajos. El capítulo general de Metz (1421) decidió que las «casas de observancia» de cada provincia quedaran bajo la autoridad de un vicario particular. De este modo se organizaron, en el seno de la orden, congregaciones reformadas que tenían las mismas estructuras internas de gobierno que la provincia pero que no estaban representadas en el capítulo general. Y al agrupar casas de otras provincias, adquirieron aún mayor autonomía: coexistieron así dos estructuras, una basada en la geografía (las provincias conventuales) y la otra en las afinidades (las congregaciones de observancia). La primera congregación de observancia fue la de Lombardía (1459), a la que siguieron las de Holanda (1464) y Francia (1497). En España, el movimiento contó con el apoyo de Juan de Torquemada, que era predicador y arzobispo de Valladolid (no debe confundirse con su sobrino Tomás, el inquisidor general).

V. El movimiento de reforma entre los otros mendicantes

Entre los carmelitas, del ideal del retorno a la estricta observancia se encargó el vigesimoquinto prior general de la orden, Juan Soreth (c. 1395-1471), que desempeñó un papel importante no solo en la creación de la rama femenina de la orden (véase el capítulo 3), sino también en la fundación de la tercera orden en 1452. El movimiento había comenzado antes de su elección (1451) en las provincias de Francia y Alemania inferior. La reforma no consistió tanto en la austeridad de la disciplina (Soreth conservó la mitigación de la regla del Carmelo adoptada en 1432) como en el abandono de los diversos privilegios y exenciones de los que se había beneficiado la orden. En 1456, el capítulo general de París adoptó nuevos estatutos: los observantes se reunían en sus propios conventos; los provinciales no podían decidir la incorporación de no observantes, e incluso ellos mismos tenían que visitar estos conventos en compañía de un *socius* observante. Además, los observantes también debían renunciar a toda posesión de bienes. En 1462, las nuevas constituciones hicieron hincapié en el oficio divino, el voto de pobreza, el silencio y la soledad, el cuidado del convento y de la celda, el estudio, el trabajo y las visitas de los superiores. La prudencia de Soreth, que no quiso extender la reforma a toda la orden, era un reflejo de la oposición que suscitaba. La observancia arraigó al menos en las casas que habían sido designadas, mientras que muchos religiosos abandonaron la orden.

Entre los Ermitaños de San Agustín, el movimiento dio lugar a congregaciones relativamente autónomas, que contaban con sus propios vicarios, aunque reconocían la autoridad suprema del prior general. Las más dinámicas fueron las de Lombardía (1431, ochenta conventos), Génova (1470, treinta y un conventos) y Calabria (1507, cuarenta conventos). También había conventos en España y Alemania, donde se constituyó la congregación de Sajonia –a la que pertenecía Lutero–, que fue eximida por Julio II de la autoridad del prior general en 1503. El estatus de orden mendicante se extendió a los servitas en 1424. Finalmente, en 1434, Francisco de Paula fundó los Ermitaños de San Francisco de Asís, más conocidos como «los mínimos»: la regla aprobada en 1474 por Sixto IV imponía la pobreza absoluta, una obediencia estricta y un cuarto voto de abstinencia perpetua. La orden se extendió principalmente en Italia; en Francia, con el apoyo de Luis XI, y en España, con el de Fernando II de Aragón. Se unió a los mendicantes en 1567.

VI. Las creaciones de la *devotio moderna*

La observancia no exigía necesariamente una mayor austeridad; en general, hacía hincapié en la oración personal y la profundización de la vida espiritual individual. Los vínculos de varios reformadores con figuras místicas así lo atestiguan. Por eso hay que incluir en su estela las creaciones del movimiento *devotio moderna*, que floreció en el valle medio y bajo del Rin a partir de la segunda mitad del siglo XIV.

En Deventer, en los Países Bajos, Gerardo Groote (1340-1384) y Florencio Radewjins (hacia 1350-1400), convertidos al ideal de una vida pobre e influidos por el misticismo de Ruysbroeck, organizaron a partir de 1381 una fraternidad de estudiantes, clérigos y laicos, para la que elaboraron una regla de vida muy flexible: sin votos, ni clausura, ni estabilidad. Los Hermanos de la Vida Común se proponían imitar a Cristo mediante mortificaciones corporales, pobreza y humildad (véase *Imitación de Cristo*, escrito hacia 1420-1440). Para ganarse la vida, trabajaban copiando libros, mientras que los clérigos desempeñaban tareas pastorales. Su actividad central era el estudio y la meditación de las Escrituras. En varias ciudades del norte y el sur de los Países Bajos, así como en Alemania, se crearon otras fraternidades del mismo tipo. El obispo de Deventer aprobó el reglamento en 1401. Sin embargo, este tipo de vida y organización, que no se correspondía con ninguna estructura religiosa establecida, levantaba ciertos recelos respecto de estas fraternidades, que se asemejaban a muchos de los grupos marginales que florecían en la época. Al mismo tiempo, para participar en el movimiento de renovación del clero y formar a los directores de conciencia que necesitaban, los hermanos organizaron, en 1387, la fundación del monasterio de Windesheim, un capítulo canónico según la regla de san Agustín, que a su vez se extendió principalmente por los Países Bajos y Alemania. Los canónigos también influyeron en la reforma de varias ermitas de san Agustín. A finales del siglo XV, la congregación de Windesheim contaba con un centenar de casas.

5. Comienzos de la Edad Moderna: una nueva edad de oro para los regulares

El desarrollo de los movimientos de observancia acompañó el auge de una expectativa más general en Occidente a finales de la Edad Media. En un contexto de fuerte tensión escatológica, en el que la salvación individual no podía disociarse de la salvación común, en todos los dominios de la vieja cristiandad se apelaba a la renovación y la reforma general de la Iglesia, *in capite et in membris*. Los movimientos de reforma en el mundo monástico formaban parte de una aspiración mucho más generalizada. No es de extrañar, por tanto, que en el particular contexto político del Sacro Imperio Romano Germánico, junto con un contexto cultural en plena transformación debido a la difusión de la imprenta, la voz de un monje llegara a oírse rápidamente mucho más allá de su claustro y de la universidad en la que enseñaba.

I. Los regulares entre la contestación y la confirmación

1. El cuestionamiento luterano

Lutero, un monje piadoso que pertenecía a una casa de observancia dirigida por los Ermitaños de San Agustín, se opuso a la reunión de observantes y conventuales para preservar la regularidad. Su crítica a las indulgencias fue el punto de partida de una llamada a la reforma, pero no de su orden, sino de la Iglesia en su conjunto, cuya teología, pastoral y organización examinó cuidadosamente. Una vez consumada la ruptura en la Dieta de Worms en mayo de 1521, Lutero publicó a finales de año su tratado *Sobre los votos monásticos*: los votos son contrarios a la libertad cristiana y no conducen a una forma de vida superior a las demás; el Evangelio se anuncia a todos, y no hay por qué distinguir entre consejos evangélicos dirigidos solo a algunos y preceptos impuestos a todos; la profesión religiosa no equivale en absoluto a un segundo bautismo y, como todas las obras, solo produce la ilusión de la salvación.

El eco de las ideas luteranas en los monasterios fue inmediato. Siguiendo los pasos del reformador, que se casó en 1525 con una exreligiosa, Catalina de Bora, muchos monjes y monjas abandonaron sus conventos, sobre todo en las ciudades del Imperio favorables al movimiento, como Estrasburgo y Berna. En muchos casos, los predicadores que difundieron el mensaje luterano procedían de monasterios: Pelikan había sido franciscano en Basilea; Myconius, también franciscano, en Gotha; Bucero, dominico, en Estrasburgo; Brunfels, cartujo; Blaurer, benedictino, y Zwilling y Prugner, agustinos, en Wittenberg y Mulhouse, respectivamente. En los Países Bajos, los agustinos de Amberes se adhirieron a las ideas de su cohermano, y algunos de ellos lo pagaron con su vida. R. Sauzet ha elaborado una lista de un centenar de mendicantes que rompieron, definitivamente o no, con la Iglesia católica en Francia. Los casos del franciscano observante de Aviñón René Lambert y el dominico Aymé Maigret, que predicó en Lyon y Grenoble en 1524, son muy conocidos. En la región del Véneto, los franciscanos Girolamo Galateo y Bartolomeo Fonzio fueron quemados en la hoguera, mientras que tres monasterios benedictinos acogieron con interés las obras de Lutero, al igual que algunos Ermitaños de San Agustín. Los ejemplos más conocidos son los del vicario general de los capuchinos, Bernardo Occhino, y el canónigo regular Pedro Mártir Vermigli, que huyeron juntos en 1542 para evitar la persecución de la Inquisición. Cabe asimismo citar la conversión de Alberto de Brandeburgo, gran maestre de la Orden Teutónica, a quien el propio Lutero le aconsejó que abandonara toda regla monástica y secularizara los dominios de la orden.

La «proliferación de la Reforma» en el Imperio y el norte de Europa, con la multiplicación de nuevos centros urbanos y la adhesión de numerosos príncipes a la nueva confesión, condujo al cuestionamiento de las instituciones monásticas. En Alemania, el cierre de las casas religiosas y la secularización de sus bienes se hicieron muchas veces en beneficio de las parroquias y las escuelas. Esta secularización no siempre estuvo acompañada de disturbios o violencia: los hubo, sobre todo, en Livonia, en 1524-1525, y en Polonia, en 1524, antes de que la reacción monárquica frenara el movimiento. Aun así, no siempre fue una reacción inmediata ni general: en Basilea, Berna y Estrasburgo, la resistencia a la Reforma se organizó en torno a conventos que a menudo habían adoptado la observancia, y en algunos casos, como en Estrasburgo, resistieron hasta mediados de siglo o incluso más.

Inglaterra fue un caso especial. Tras el Acta de Supremacía de 1534, la riqueza del clero regular se convirtió en una presa fácil y tentadora para la corona inglesa. De hecho, los ingresos de los monasterios suponían la mitad de los de toda la Iglesia, y el cuatro por ciento de las casas poseía la quinta parte de los bienes monásticos. En aquella época había ochocientos veinticinco conventos y monasterios con once mil religiosos. La inspección de conventos de 1535 preparó el terreno, al concluir que la vida religiosa estaba en declive y que había muchos abusos, de los que solo se salvaban los observantes franciscanos, cartujos y brigidinos. El primer ataque se lanzó ese mismo año, aprovechando el juramento de sumisión al Acta de Supremacía: los cuatrocientos rebeldes eran principalmente monjes cartujos y mendicantes observantes; de ellos, una minoría fue condenada a muerte.

La extinción de la vida monástica fue decidida con el Acta de 1536, que abolía las casas con ingresos inferiores a doscientas libras; acelerada tras la Peregrinación de Gracia, que llevó a la corona a confiscar todos los monasterios, y completada por el Acta de 1539, que cerró las últimas casas. En su mayor parte, las propiedades monásticas se vendieron en beneficio de la corona y no para parroquias o escuelas, como en los países de habla alemana. En cuanto a los monjes, no todos pudieron beneficiarse de una pensión, que en cualquier caso era muy modesta, equivalente de media al salario de un jornalero. Los mendicantes, que se suponía que no poseían nada, no tenían derecho a ninguna compensación.

2. El Concilio de Trento

En su vigesimoquinta y última sesión (diciembre de 1563), el concilio adoptó un decreto «sobre los regulares y las monjas» que establecía un marco general para todas las órdenes. Tras recordar la obligación de ajustarse estrictamente a la regla y la prohibición de cualquier propiedad individual, los padres conciliares se interesaron especialmente por cuatro puntos: los votos (sin que los padres sintieran la necesidad de justificarlos ante las críticas de los protestantes), las religiosas, el papel del ordinario y la encomienda.

Para profesar los votos había que tener al menos dieciséis años y haber completado un noviciado de un año.

Después de cinco años ya no era posible revocarlos. Pero quien impidiera que una persona profesara los votos o, por el contrario, la obligara a hacerlo se exponía a la excomunión. Por último, un religioso no podía ser transferido a una orden menos austera.

Las religiosas debían vivir en estricta clausura y confesarse y comulgar al menos una vez al mes, y no podían conservar el Santísimo Sacramento en la clausura de su monasterio ni elegir abadesa o superiora menor de cuarenta años.

Los obispos debían garantizar la clausura de los monasterios femeninos, realizar visitas cuando los visitadores de la orden no lo hacían y examinar a las candidatas a la profesión religiosa. Los regulares debían someterse a las censuras episcopales y respetar el calendario de fiestas fijado por el obispo para la diócesis, y no podían erigir una nueva casa sin autorización del ordinario.

Se prohibió la encomienda de abadías que estuvieran a la cabeza de la orden y sus filiales, y los titulares de una abadía en encomienda estaban obligados a pronunciar sus votos en el plazo de seis meses, so pena de que «sus encomiendas se considerasen vacantes de pleno derecho». El concilio no pretendía necesariamente restablecer el principio de la elección en todas partes, sino el de la atribución del oficio abacial a religiosos de la orden «de reconocida virtud y santidad».

Los padres conciliares habían establecido un marco y unos principios, pero su aplicación dependía de la aceptación de los decretos conciliares por parte de los estados católicos. E incluso entonces, no estaba absolutamente garantizada: la encomienda, en particular, no fue abolida en ninguna parte. Además, el papado no se basó únicamente en la obra de los padres: varios pontífices se preocuparon especialmente por la regularidad de los religiosos. Pío V recordó la disciplina monástica con la bula *Lubricum vitae genus* (1568); Clemente VIII (1592-1605) publicó en 1604 unos decretos generales de reforma que Urbano VIII (1623-1644) recordó veinte años más tarde. En 1622, Gregorio XV le encomendó la reforma de los regulares en Francia al cardenal de La Rochefoucauld, e Inocencio X (1644-1655) los reformó en Italia, cerrando muchas casas.

El concilio no fue el punto de partida del vasto movimiento de renovaciones y fundaciones que se produjo en el mundo de los regulares a comienzos de la Edad Moderna. El proceso de reforma había comenzado a finales de la Edad Media, y su desarrollo posterior no dependió únicamente de una estrategia de respuesta a la reforma protestante, aunque la historia de los regulares también estuvo estrechamente entrelazada con la de la contrarreforma católica. Continuó a lo largo del siglo XVI, a pesar de las vicisitudes y conflictos políticos que afectaron a muchos países, y floreció en la primera mitad del siglo XVII, la nueva «edad de oro de la vida monástica y conventual» (L. Willaert).

II. Las renovaciones

Muchas se llevaron a cabo en un marco nacional y dieron lugar a la formación de nuevas congregaciones: la autoridad recaía en un capítulo general y en delegados elegidos por un periodo limitado, y los religiosos podían ser transferidos de una casa a otra. De este modo, la reforma tenía la capacidad de eludir los obstáculos que la encomienda podía crear.

1. Los canónigos regulares

La congregación de Francia (conocida como los «génovéfains») se organizó entre 1624 y 1635 bajo el impulso del cardenal de La Rochefoucauld, abad comendatario de Sainte-Geneviève en París, y el canónigo Charles Faure. Contaba con un centenar de casas a finales de siglo y se caracterizaba por el estudio y el servicio a las parroquias. En Lorena, Pedro Fourier fundó en 1623 la congregación de Nuestro Salvador, dedicada a la enseñanza de los pobres, la realización de misiones entre protestantes y la dirección de seminarios. Alain de Solminihac (1593-1659), obispo de Cahors, fue el fundador de la pequeña congregación de Chancelade, que no quiso agregar a la de Francia porque la consideraba demasiado mitigada. En España, los premonstratenses reformados, que habían restablecido la abstinencia primitiva y adoptado un periodo abacial de tres años, agruparon a todos los conventos de la península y sus estatutos fueron aprobados en 1582. Servais de Lairuelz (1560-1631) impulsó en Pont-à-Mousson (Lorena) la «congregación del antiguo rigor», separada de la «común observancia».

2. Los benedictinos

El concilio había estipulado que los monasterios exentos de la jurisdicción del ordinario debían reunirse en congregación cada tres años. En realidad, se organizaron en numerosas congregaciones permanentes. En la zona de habla alemana había al menos seis, entre ellas la de la Inmaculada Concepción, en torno a la abadía de Einsiedeln (1602). En el ámbito francófono, las dos más importantes fueron la de San Vitón y San Hidulfo y la de San Mauro. La primera, fundada en 1604 por iniciativa de Didier de La Cour, prior de Saint-Vanne en Verdún, reunió a todos los monasterios de Lorena y comenzó a reformar abadías en Alsacia, Franco Condado y Champaña, con un total de unas cincuenta casas. Francia, que se disputaba con los Habsburgo la influencia en Lorena, temía la intervención extranjera, por lo que favoreció la formación de una congregación francesa reformada. Esta fue establecida en 1618 al separarse de San Vitón y reconocida en 1621 con el nombre de «galicana-parisina» o «congregación de San Mauro». Bajo la dirección de Tarrisse, que instaló la sede en la abadía de Saint-Germain-des-Prés en París en 1631, reunió a la gran mayoría de abadías francesas y contaba con ciento cuarenta y ocho casas a finales de siglo. San Mauro absorbió la congregación de Chezal-Benoît en 1636, pero Richelieu no pudo unirla a Cluny en una sola congregación benedictina galicana y el proyecto murió con él. Estas dos reformas favorecieron la renovación de la vida comunitaria al retirarles toda jurisdicción a los abades comendatarios en favor de priores elegidos por los monjes, mientras que la congregación era gobernada por un superior general, elegido a su vez por el capítulo general. Las dos congregaciones destacaron por su apoyo a la erudición eclesiástica, centrada sobre todo en la edición de textos de los Padres de la Iglesia y la investigación histórica. Mabillon, con su *De re diplomatica* (1681), define los principios de la crítica histórica de las fuentes textuales.

3. Los cistercienses

En la orden del Císter continuó el movimiento de creación de congregaciones iniciado en el siglo xv: la congregación de Portugal en 1567 (diecisiete monasterios), la polaca en 1580 (quince monasterios), la de la Alta Alemania en 1595, la de Roma en 1623, las congregaciones de San Bernardo y San Malaquías en Irlanda (1626) y las de Calabria y Lucania en 1633. En Languedoc hubo una primera reforma: a partir de 1577, Jean de La Barrière se comprometió a restablecer la antigua observancia en su abadía de Feuillant (cerca de Toulouse). Esto dio lugar a una nueva congregación, que fue reconocida en 1586 y se separó del Císter en 1592. Esta, tan austera que Clemente VIII le impuso una mitigación en 1595, se extendió a Francia e Italia. En 1630, Urbano VIII la dividió en dos: la congregación francesa de Notre-Dame des Feuillants (treinta y un monasterios) y la congregación italiana, «los cistercienses reformados de San Bernardo» (cuarenta y tres monasterios). Además, al principio del siglo XVII, varios monasterios de la tradición de Claraval defendieron la vuelta al silencio absoluto, la abstinencia y el fomento del trabajo manual. Así comenzó un largo debate entre la observancia «estricta» y la «común». El capítulo general aprobó ambas en 1618, pero la disputa resurgió durante el reinado de Luis XIII, con Richelieu a favor de la observancia estricta. Alejandro VII intentó poner fin a este conflicto en 1666 al imponer una norma mixta en todos los monasterios, pero manteniendo la distinción entre las dos observancias. Esta solución intermedia no satisfizo al abad de Rancé, que había reformado su abadía de La Trappe a principios de la década de 1660 acogiendo a monjes de la observancia estricta. La Santa Sede la aprobó definitivamente en 1678. En 1683, el capítulo general puso fin a la disputa sobre la observancia y Rancé publicó los principios de su reforma en su obra *De la santidad y deberes de la vida monástica*. Varios monasterios la adoptaron, pero Rancé no quiso formar una nueva congregación.

4. Los mendicantes

El estatuto de orden mendicante fue modificado por Pío V, que redefinió sus privilegios en la bula del 16 de mayo de 1567. Hasta mediados del siglo XVII, muchas órdenes de nueva creación (jerónimos, jesuitas, mínimos, etc.) fueron reconocidas como «mendicantes». En las órdenes anteriores, las reformas, que habían comenzado mucho antes, continuaron el movimiento de observancia surgido a finales de la Edad Media. Entre los dominicos siguió la formación de nuevas congregaciones (la Occitana reformada a cargo de Sébastien Michaëlis en 1608 y la del Santísimo Sacramento, a cargo de Antoine Le Quieu, en 1636), que llegó a su máximo esplendor bajo el generalato de Serafino Cavalli (1576-1578), con unos catorce mil religiosos en seiscientos conventos. A principios del siglo XVI, los franciscanos observantes de Castilla iniciaron un movimiento conocido como «recogimiento», que hacía hincapié en la práctica del retiro silencioso y la oración y que el ministro general Francisco de Quiñones estableció en Asís, en el convento de Santa María de los Ángeles. Los «recoletos» se multiplicaron rápidamente, no solo en España e Italia, sino también en Francia, con el apoyo de los Borbones, y en las regiones de habla alemana. Pedro de Alcántara (1499-1562) fue el origen, a partir de 1540, de la Orden de los Hermanos Menores Descalzos de la Estricta Observancia, o «alcantarinos». Su austeridad fue aprobada por Pío IV en 1562 y establecieron varias provincias en España e Italia.

Por último, los Hermanos Menores Capuchinos desempeñaron un papel esencial en la expansión de la reforma católica en Europa y en el movimiento misionero. Fundados en 1525 por Mateo de Bascio († 1552), predicador observante de la provincia de Ancona, adoptaron sus primeras constituciones en 1529. Aunque Pablo III los aprobó en 1542, los limitó a Italia. Esta restricción fue derogada por Gregorio XIII en 1574 y Pablo V los estableció como orden independiente en 1619. Por aquel entonces había casi quince mil de ellos distribuidos en cuarenta provincias. A mediados del siglo XVIII, eran cerca de treinta y dos mil, asentados en sesenta y dos provincias y unas mil ochocientas casas. Los distinguían su pobreza total (tenían prohibidos los estipendios de misa y confesar a los laicos), su especialización en la predicación popular, «sencilla y vehemente» (M. Venard), la asistencia a los apestados durante las grandes epidemias del siglo XVII, así como dos características que contribuyeron a que su fama rayara casi en la caricatura: la barba y la capucha larga y puntiaguda, que, según Mateo, era como la que llevaba Francisco de Asís. Aunque Italia fue siempre el centro de gravedad de la orden (con nunca menos del 45 % de los religiosos), durante el siglo XVII su crecimiento pasó de Francia al Imperio y a Europa central.

Por último, el Carmelo experimentó una profunda renovación. En España, Teresa de Jesús (1515-1582) reformó la rama femenina de la orden a partir de 1562 con la fundación del convento de San José. Hasta su fallecimiento, fundó otras dieciséis casas y apoyó la labor emprendida en la rama masculina de la orden por Juan de la Cruz (1542-1591), que estableció el primer convento carmelita masculino reformado en Duruelo en 1568 y fundó otras catorce casas. En 1580, Gregorio XIII aprobó la Orden de los Carmelitas Descalzos para ambos sexos, que se creó como orden independiente en 1593. La pobreza (simbolizada por la desnudez de los pies, solo cubiertos por sandalias) y la oración eran las señas de identidad de esta orden, cuya rama masculina desempeñó un importante papel en la formalización de la teología mística. La orden se extendió rápidamente en Italia, donde se fundó una congregación independiente a partir de 1600, Francia (en 1604 para las mujeres y 1611 para los hombres; cada rama contaba con unos sesenta conventos), los Países Bajos españoles, la parte católica del Imperio y Latinoamérica.

Aunque es probable que la reforma teresiana siga siendo la más famosa de principios de la Edad Moderna, también hubo reformas en la mayoría de las demás órdenes femeninas. La mayoría de las reformas masculinas crearon una rama femenina, pero también hubo reformas autónomas: las monjas cistercienses crearon varias congregaciones de bernardinas, la mayor de las cuales se fundó con el impulso de Louise de Ballon en Rumilly, Saboya, en 1622. Angélica Arnauld introdujo en 1609 la reforma en Port-Royal, que se convirtió en un importante centro espiritual antes de cumplir la función que hoy conocemos en el desarrollo del jansenismo. Varias abadesas benedictinas (como Marie de Beauvillier en Montmartre y Margarita d'Arbouze en Val-de-Grâce) reformaron sus conventos, a veces dotándolos de nuevas constituciones que luego fueron adoptadas por otras, aunque no consiguieron formar una congregación.

III. Las nuevas creaciones

A principios de la Edad Moderna aparecieron nuevas formas de vida consagrada. No es que la motivación principal de la vida religiosa fuera diferente en lo esencial: seguía centrada en la salvación y en la convicción de que era necesario romper con el mundo. Pero la idea –difundida por Francisco de Sales en su *Introducción a la vida devota* (1608)– de que la perfección cristiana era accesible en todos los estados influyó en la manera de contemplar la vida religiosa: era posible encontrar en ese momento un camino legítimo entre la clausura y la vida. Las órdenes mendicantes habían estado probando este método desde el siglo XIII, sin abandonar el cenobitismo. En esta época, la novedad fue la idea de contar con estructuras comunitarias flexibles para apoyar la acción apostólica de formas muy diversas. Las necesidades se multiplicaron debido a la división del cristianismo a partir de la Reforma, la expansión europea por el mundo, el azote de las epidemias, la explosión de la pobreza en el siglo XVII y la creciente concentración de la dinámica social en las ciudades.

1. La Compañía de Jesús

La más emblemática de las órdenes nacidas en este contexto fue la Compañía de Jesús, fundada en París en 1534 por un noble vasco, Ignacio de Loyola (1491-1556), y aprobada por el papa Pablo III en 1540 (bula *Regimini militantis ecclesiae*). Fue emblemática, en primer lugar, porque su éxito, comparable al de los hermanos menores en el siglo XIII, demostró que era capaz de cumplir con las expectativas; en segundo lugar, porque estuvo presente en todos los frentes del catolicismo moderno, a menudo con una posición de influencia predominante; y en tercer lugar, porque era a la vez un buen reflejo y un poderoso agente de la centralización del poder papal durante este periodo. En las acertadas palabras de M. Venard, «la Compañía de Jesús se identifica hasta cierto punto con el catolicismo reformado». De unos mil miembros a la muerte de Ignacio, pasó a tener trece mil en 1615 y veintidós mil quinientos en 1749. Se trata de una orden de clérigos regulares, una sociedad de sacerdotes unidos por votos en la que los profesos hacen un cuarto voto de obediencia al papa al cabo de diez años. La Compañía no tenía una regla, sino unas sencillas constituciones que organizaban sus estructuras y regulaban su funcionamiento. Los jesuitas, organizados en «asistencias» (seis en 1773) que a su vez se dividían en provincias (treinta y nueve en el mismo año), no estaban sujetos a la jurisdicción ordinaria y dependían únicamente del superior general, elegido de por vida por la congregación general de la orden y con residencia en Roma. Tras ponerse al servicio del papado, los jesuitas estaban disponibles para cualquier trabajo apostólico. Teólogos, eruditos, predicadores, misioneros, directores espirituales y confesores formaron también el primer cuerpo docente del catolicismo moderno, con cerca de quince mil profesores y seiscientos sesenta y nueve colegios en 1749. En 1599, la *Ratio studiorum*, una gran influencia en la pedagogía moderna, estableció la organización de los estudios en los colegios. Los *Ejercicios espirituales*, escritos por Ignacio, se extendieron mucho más allá de la Compañía de Jesús: eran un método espiritual para ayudar a escoger una opción de vida que se ofrecía tanto a jesuitas como a clérigos y laicos que, durante los retiros, se ponían bajo su dirección.

2. Otros clérigos regulares y sociedades de sacerdotes

La Compañía de Jesús no fue la única ni la primera sociedad de clérigos regulares. Los teatinos, fundados por Cayetano de Thiene y aprobados en 1524, se extendieron sobre todo por Italia, España y Baviera. En 1530, Antonio María Zaccaría estableció a los barnabitas (Orden de Clérigos Regulares de San Pablo) en el convento de San Bernabé en Milán. Consagrados a la predicación y la enseñanza, tenían casas sobre todo en Italia, pero también en Francia y Alemania. Por último, los somascos, creados por el veneciano Jerónimo Emiliani en

1534 para dedicarse al cuidado de pobres, enfermos y huérfanos, crecieron rápidamente en el norte y centro de Italia y adoptaron la regla de san Agustín en 1568 por decisión de Pío V. Los clérigos regulares no estaban obligados al oficio monástico, a la clausura, a tener una residencia estable, a la abstinencia ni al trabajo manual, por lo que podían dedicarse libremente a un abanico muy diverso de acciones apostólicas, cuya elección dependía de la decisión del gobierno centralizado de la sociedad, es decir, del general y de la instancia que le asistía. Se siguió exigiendo el ascetismo y la oración, pero con una mayor individualización de las prácticas, sobre todo la de la meditación y la oración metódica. Como actor principal de la reforma católica, este modelo de organización gozó de un éxito imposible de describir aquí de forma exhaustiva. Nos limitaremos a mencionar los institutos emblemáticos de los grandes ámbitos de actividad a los que se dedicaron principalmente, teniendo en cuenta que la mayoría de ellos diversificaron su actividad a raíz de las exigencias que se les impusieron.

La enseñanza fue una cuestión estratégica de la reforma católica. Los Clérigos Regulares Pobres de la Madre de Dios de las Escuelas Pías, conocidos como «escolapios», empezaron su actividad en Roma en 1597 por iniciativa del español José de Calasanz († 1648). Se consagraron a la enseñanza de las clases populares y se establecieron en Italia, España, la zona del Danubio y Polonia. La formación catequética fue el origen de varias congregaciones de «doctrina cristiana» en Italia y Francia: los Padres de la Doctrina Cristiana, fundados en Aviñón por César de Bus († 1607) en 1592, los más numerosos, se extendieron por Francia antes de absorber las provincias de sus hermanos italianos en el siglo XVIII. En Francia, la formación del clero dio lugar a numerosas iniciativas. La más original fue la del Oratorio de Jesús, fundada por Pierre de Bérulle en 1611. Fue inspirada por el modelo del Oratorio de Felipe Neri (1515-1594), desarrollado en Roma a partir de 1564 y establecido en la Provenza por J. B. Romillon. Los oratorianos no hacían votos, pero se incorporaban a la sociedad tras tres años de sacerdocio. Mientras que el Oratorio italiano, dedicado a la predicación y la enseñanza, se extendió por la península ibérica y el Nuevo Mundo, así como por los Países Bajos, Alemania y Polonia, sus hermanos franceses permanecieron en Francia, donde fundaron hasta setenta y ocho casas (colegios y seminarios). Los eudistas (Congregación de Jesús y María), fundados en 1643 por Juan Eudes († 1680), y los sulpicianos (Compañía de Sacerdotes de San Sulpicio), fundados por Jean-Jacques Olier († 1657), tampoco hacían votos. Limitados a Francia y, en el caso de los sulpicianos, a Nueva Francia, se dedicaban a la formación del clero en sus propios seminarios o en los seminarios diocesanos que les confiaban los obispos. Los sulpicianos influyeron de forma decisiva en la formación del episcopado francés del siglo XVIII.

Por otro lado, los miembros de la Congregación de la Misión, o «lazaristas», fundados por Vicente de Paúl en 1625 en París, constituyen un caso muy particular.

Con misiones rurales y lejanas, formando al clero y predicando en retiros, desempeñaron un importante papel en Francia (cincuenta y tres seminarios diocesanos a finales del siglo XVIII) y en Italia y se establecieron en Cataluña, Irlanda, Polonia y Extremo Oriente. Por último, también aparecieron nuevas congregaciones hospitalarias. La Orden Hospitalaria de San Juan de Dios, fundada en Granada por Juan Ciudad (conocido como «de Dios», † 1550) en 1540, adoptó la regla de san Agustín en 1572 y sus miembros pasaron a ser mendicantes en 1624. Se extendieron por la Europa continental, América y Asia, y a finales del siglo XVIII dirigían doscientos ochenta y un hospitales. Los camilos, fundados por Camilo de Lelis (1560-1614) en 1584, hicieron un cuarto voto para cuidar a los apestados y se establecieron en las penínsulas ibérica e italiana y en América.

El movimiento de las fundaciones perdió fuelle a partir de mediados de siglo, pero no se detuvo. La confluencia de muchos factores explica esta evolución: la saturación provocada por la densidad de los establecimientos en los núcleos de población (seis mil doscientas casas religiosas en Italia hacia 1650, por lo que Inocencio X suprimió las instituciones demasiado pequeñas); una situación económica desfavorable que limitó la generosidad de los posibles nuevos fundadores; las tensiones entre los regulares y el episcopado, que quería conservar el control de la pastoral, y la decadencia de un modelo de heroísmo cristiano. Esto no afectó a las zonas de reconquista religiosa: tanto en el Imperio como en Polonia se produjo un importante aumento del número de regulares, sobre todo en la segunda mitad del siglo.

IV. Las congregaciones femeninas

La vida consagrada femenina también experimentó una evolución que apenas podemos resumir aquí. La cuestión canónica de la clausura fue crucial y, junto con los tres votos solemnes de pobreza, castidad y obediencia, constituyó el estatuto de la monja desde el siglo XII. Pío V (constitución *Circa pastoralis*, 1566) ordenó su rigurosa observancia y la generalización de los votos solemnes a todas las casas religiosas femeninas. Aunque sus sucesores se esforzaron por hacer cumplir estas reglas y las familias ejercían una presión social a favor de la clausura por razones de honor, por un lado, y de conservación del patrimonio, por otro, un movimiento irresistible promovía el establecimiento de un nuevo modo de organización que permitiera a las monjas llevar una vida activa en la sociedad, en particular para dedicarse a la enseñanza y diversas formas de asistencia. Había muchas asociaciones de devotos (órdenes terciarias o cofradías) que aspiraban a una vida apostólica que fuera a la vez comunitaria y abierta.

1. Las congregaciones con votos solemnes

La Visitación, fundada por Francisco de Sales y Juana de Chantal en Annecy en 1610, representaba el mejor ejemplo de la contradicción entre estas dos orientaciones: los estatutos primitivos combinaban una vida de oración y asistencia a domicilio (a pobres y enfermos), pero el arzobispo de Lyon, Denis de Marquemont, impuso la clausura en 1618. Las visitandinas pasaron a dedicarse a la enseñanza de niñas en internados fuera de clausura. La orden se extendió rápidamente por Francia y después por los Países Bajos, Italia y Alemania.

La historia de las ursulinas constituye un ejemplo similar. En Brescia, en Lombardía, Ángela de Mérici (1474-1540), una terciaria franciscana, había creado en 1535 una sociedad religiosa para el cuidado de los enfermos y la enseñanza de niñas. En ella, las religiosas solo hacían un voto privado de castidad y no vivían en comunidad; las unía la obediencia a la superiora y una vida de oración. En 1572, Gregorio XIII les impuso unos votos simples y la vida en común. Carlos Borromeo, arzobispo de Milán, les impuso una nueva regla en 1584. Las ursulinas, ahora llamadas «congregadas», llegaron a Francia, donde tuvieron un gran éxito como maestras (hicieron un cuarto voto para ello) y pasaron por una última etapa en su transformación en monjas: en 1612, Pablo V les impuso la clausura estricta y los votos solemnes, a los que se añadió el de «instruir a las jóvenes». En su época de mayor expansión, la orden contaba con unas veinte mil monjas, agrupadas en cuatrocientas casas (trescientas en Francia a finales del siglo XVII) y veintiuna congregaciones independientes (algunas de las cuales no contemplaron la clausura, como en el Franco Condado, o la acabaron abandonando, como en Flandes). Las ursulinas francesas se establecieron en Alemania y Nueva Francia, mientras que las italianas, más afines al modelo borromeo, se extendieron por Italia y Suiza.

Por último, la clausura impuesta a las canonesas de Notre-Dame, fundadas en Lorena en 1597 por Alix Le Clerc y Pedro Fourier, fue motivo de largos y arduos debates para las monjas educadoras, que, en un principio, pretendían hacerse cargo de escuelas rurales y debían acoger a alumnas diurnas.

2. Un nuevo modelo de congregación

El modelo de congregación religiosa con votos simples, e incluso sin votos ni clausura, se impuso poco a poco, sobre todo en las congregaciones hospitalarias y educativas. Este fue el inicio de un movimiento que creció aún más durante el siglo XVIII. La más famosa de estas creaciones sigue siendo la de las Hijas de la Caridad, fundada por Vicente de Paúl y Luisa de Marillac en 1633. Vicente de Paúl definió el espíritu de la congregación con estas célebres palabras: «Tienen por monasterio la casa de los enfermos, por celda un cuarto alquilado, por capilla la iglesia de la parroquia, por claustro las calles de los pueblos o las salas de los hospitales, por clausura la obediencia, por rejas el temor a Dios y por velo la santa modestia». Bajo la autoridad del superior general de los lazaristas, las «hermanas grises» se extendieron rápidamente, primero en Francia y luego en España y Europa central (Austria, Polonia y Silesia). En la época de la Revolución francesa había unas cuatro mil trescientas repartidas en cuatrocientos cincuenta y un establecimientos y gestionaban ciento setenta y cinco hospitales en Francia.

Solo podemos mencionar algunas de las innumerables congregaciones que empezaron a multiplicarse en aquel entonces. Entre las hospitalarias están, en Francia, las Hermanas de San José del padre Médaille (Le Puy, 1630), la Misericordia de Jesús (Dieppe, 1630) o, en España, la Asunción de Nuestra Señora (Sevilla, 1568) o Nuestra Señora del Refugio (Sevilla, principios del siglo XVII). Entre las educativas están la Compañía de María Nuestra Señora (1607, Juana de Lestonnac) o, bajo el impulso del mínimo Nicolás Barré (1621-1686), las Hermanas de la Providencia de Ruan (1666) o las Hermanas del Niño Jesús de Reims (1677). Ante todo, conviene recordar que la mayoría de estas nuevas congregaciones eran de carácter regional y estaban sometidas a la jurisdicción episcopal. El frecuente parecido de sus nombres no hace más que reflejar la proximidad de su inspiración, su modo de vida o sus referencias espirituales, y crea un laberinto para el historiador en el que no siempre es fácil orientarse.

6. La Ilustración: el cuestionamiento del monacato

Es bien sabido que la Ilustración no favoreció al monacato. La institución monástica recibió críticas de diversos sectores, que se aprovecharon no solo de la aparente lentitud de la vida regular, sino también, en numerosos casos, de su declive, sobre todo en cuanto al reclutamiento. Sin embargo, un análisis más minucioso permite identificar innovaciones, aspectos permanentes discretos y un afán de renovación. Este siglo, menos rico en grandes figuras de la vida regular, parece ser un periodo de transición: un modelo se agota temporalmente mientras otras configuraciones toman forma.

I. Las formas del antimonacato

1. La crítica a los regulares

La sátira del fraile o la monja es un tema recurrente en la literatura del siglo XVIII. La novela de Diderot *La religio-*

sa, publicada por primera vez de forma parcial al final de su vida entre 1780 y 1782, es el ejemplo más conocido de un amplio corpus. Ninguna orden se salva realmente, y el talento de los autores apenas renueva los temas: el ataque a la libertad individual y a la naturaleza, la hipocresía que oculta la codicia y/o la perversión, la pereza, la embriaguez y la ignorancia. A menudo impera la caricatura, como en esta definición de un monje escrita por un autor alemán: «animal antropoide insaciable, cubierto con un hábito y que aúlla por la noche». A un nivel más profundo, la crítica gira en torno a la incompatibilidad de la institución monástica con la vida social, pero esta idea no surgió con la Ilustración. El utilitarismo mercantilista, desde el último tercio del siglo XVII, había acusado a los votos religiosos de esterilizar una parte de las capacidades de producción y reproducción de la población.

El antimonacato del siglo XVIII se fortaleció a partir del choque entre la crítica secularizada y la creciente desconfianza del clero secular. Esto último tampoco era nuevo, sino que existía desde la época de la expansión de las órdenes religiosas, con la disputa entre obispos y regulares en Francia durante la década de 1630. No se trataba de cuestionar la institución monástica en sí, sino la exención de los regulares. Durante el siglo XVII, la monarquía había tranquilizado al episcopado a este respecto, ya que también estaba en juego su propia autoridad sobre sus súbditos. Sin embargo, el control episcopal, directo o indirecto, se ejercía sobre todo sobre las órdenes y congregaciones femeninas nacidas de la reforma católica. Al menos en la

Europa católica, los obispos habían conseguido que los regulares pasaran de ser competidores a convertirse en auxiliares en su labor pastoral diocesana. Poco a poco se fue extendiendo en gran parte del episcopado y de los párrocos la sensación de que la utilidad de los regulares dependía de su eficacia pastoral, menos evidente debido a la mayor preparación del clero secular y a la falta de dinamismo de muchas casas religiosas. Así pues, no es de extrañar que un cardenal y arzobispo de Lyon, embajador en Roma, escribiera a mediados de siglo: «si disminuyera el número de monjes, podemos afirmar que sería bueno para el Estado y no perjudicaría a la Iglesia. Esta puede prescindir de un gran número de ellos, el Estado necesita obreros, soldados y labradores y la Iglesia necesita eclesiásticos regulares»; o que un cura de la misma diócesis apuntara en su registro parroquial su satisfacción al enterarse de que se habían abolido los votos al principio de la Revolución.

2. La política

Varios estados católicos adoptaron la política de limitar o incluso reducir el número de órdenes religiosas. La cronología comienza con la expulsión de la Compañía de Jesús de los estados borbónicos, por diferentes razones, pero todas relacionadas con la afirmación de la soberanía de los estados y su supremacía temporal sobre la Iglesia.

El antijesuitismo surgió con la Compañía de Jesús, y pretender resumir aquí los debates y polémicas que se suscitaron en torno a todos los temas, implicaron a varias generaciones sucesivas desde finales del siglo XVI y dieron lugar a una abundante literatura sería en vano. Se culpó a los jesuitas de todo: de predicar una moral laxa (véase la campaña de las *Cartas provinciales* escritas por Pascal de 1656 a 1657) basada en una doctrina teológica que recuperaba la herejía del pelagianismo del siglo IV; de haber organizado la persecución de los jansenistas; de conspirar con el paganismo para adaptar el vocabulario teológico a las tradiciones chinas o indias; de confundir lo temporal y lo espiritual al dedicarse al comercio en las colonias y pretender gobernar la nueva sociedad cristiana que estaban organizando en las reducciones guaraníes (véanse págs. 142-144); de ejercer una influencia maliciosa sobre la sociedad por medio de los colegios, las congregaciones marianas y los directores de conciencia; de no reconocer la autoridad del papa, y, por último pero no menos importante, de debilitar las bases de la autoridad monárquica al justificar el regicidio. Como encarnaban la centralización romana de la Iglesia, reforzada desde los inicios de la reforma católica, los jesuitas fueron el primer objetivo de las monarquías que querían ejercer su autoridad sobre las iglesias nacionales.

Este clima de hostilidad o de desconfianza tan extendido hizo posible «pasar a la acción». El marqués de Pombal, primer ministro del rey de Portugal, hizo anunciar su destierro en diciembre de 1759. En Francia, el fracaso de la misión en Martinica dirigida por el padre Lavalette sirvió de pretexto para juzgar a la Compañía.

El decreto del 26 de noviembre de 1764 impuso su disolución en el reino y obligó a los exjesuitas a someterse a
los obispos so pena de destierro. En España, Carlos III y
el conde de Aranda confiscaron sus bienes y ordenaron
su expulsión el 31 de marzo de 1767. Los del reino de
Nápoles corrieron la misma suerte en noviembre, mientras que en el ducado de Parma, el ministro du Tillot ordenó su exilio a los Estados Pontificios en febrero de
1768. Los Borbones, con España y Francia a la cabeza,
presionaron a Roma para conseguir la supresión com-
pleta de la Compañía. Clemente XIV, franciscano, elegido en 1769 con esta condición, firmó el 21 de julio de
1773 el breve *Dominus ac Redemptor*, donde declaraba
su abolición. Solo Federico II de Prusia y la zarina Catalina II, soberanos no católicos, prohibieron la publicación del documento en sus estados. Muchos jesuitas encontraron refugio en ellos a la espera de días mejores.

El galicanismo real en Francia, el jurisdiccionalismo
en Italia y el cameralismo en los países germánicos, im-
pulsados por el utilitarismo de la Ilustración, llevaron a
los soberanos católicos a modificar las condiciones que
regulaban la existencia de las órdenes religiosas en sus estados. En mayo de 1766, Luis XV creó una «Comisión
de regulares» formada por prelados y consejeros de Estado para acometer una reforma. La comisión elaboró el
decreto de marzo de 1768, que fijaba la edad legal para la
profesión religiosa en los dieciocho años para las mujeres y veintiuno para los hombres. Llamadas a modificar
sus constituciones, no todas las órdenes masculinas lo

hicieron. Se disolvieron cuatro de ellas (Grandmont, la Santa Cruz, San Rufo y San Antonio) y más de cuatrocientas veinte casas, en teoría, se cerraron o unieron a otras. No obstante, en 1789 todavía existían muchas de ellas. La aplicación de esta medida fue más autoritaria en los estados gobernados por los Habsburgo. El 29 de noviembre de 1781, el emperador José II firmó un decreto por el que se suprimían las instituciones que no se dedicaran a la asistencia, la enseñanza o la erudición: esto afectó a unos treinta y ocho mil religiosos y religiosas de más de setecientas casas. Los bienes y las rentas incautados debían pasar al fondo religioso, cuyo fin era mantener al clero parroquial y las escuelas, crear más de ochocientas parroquias y financiar hospitales. En los Países Bajos austriacos, estas medidas contribuyeron a aumentar el resentimiento de una parte de la población contra el dominio de Viena. El ducado de Milán probó esta medida antes de que José II la generalizara: en 1768 se suprimieron casi trescientos conventos masculinos y se redujo a una quinta parte el número de religiosos. Del mismo modo, en la Toscana, el gran duque Leopoldo procedió a suprimir la mitad de los conventos y monasterios a partir de 1778 y prohibió los votos antes de los veintiún años. En el contexto del Sínodo de Pistoya, convocado por el obispo Scipione de Ricci en 1786, se hicieron planes para ir más lejos: la reducción de todas las órdenes a la regla benedictina, la prohibición de las iglesias conventuales, la limitación del número de sacerdotes por comunidad a tres y el número de monasterios por ciudad a uno y la eliminación de los votos perpetuos. Sin embargo, el proyecto no se llevó a cabo.

II. La ambivalencia del siglo

1. Las figuras del declive

¿Podría decirse que la situación de las órdenes religiosas era una simple decadencia? Esta palabra merece ser comentada. Como ya hemos visto, hace referencia a críticas ya planteadas a finales de la Edad Media, cuando los «reformados» arremetían violentamente contra los defectos de los «deformados». No obstante, sus víctimas podían considerar de buena fe que estos ataques eran ilegítimos: por un lado, el discurso de los «reformados» transmitía paradójicamente lugares comunes del antimonacato que no encajaban exactamente con la realidad, y, por otro, los «deformados» habían hecho sus votos siguiendo una observancia legítima, aunque a sus detractores no les pareciera lo bastante austera. Además, la historiografía ha aceptado con demasiada facilidad una representación cíclica de la historia monástica, que repetiría siempre la misma secuencia (nacimiento, auge, apogeo, declive) ignorando que el modelo original a menudo evoluciona y se transforma durante el auge y el apogeo, y que el declive también puede corresponder a una mutación. De este modo, la utilicen los contemporáneos o los historiadores, la palabra «decadencia» solo debe emplearse a beneficio de inventario.

Así, independientemente de su connotación peyorativa, puede reflejar una realidad que solo plasma de forma imperfecta y cuyos marcadores debe identificar el historiador. Antes de nada, escuchemos a los interesados. En Francia se manifestaron sobre todo durante las investigaciones realizadas por la Comisión de regulares, que estaba convencida de que la disciplina era «laxa» en la mayoría de los monasterios. Se expusieron numerosos problemas: falta de personal, tensiones entre los religiosos y su superior o entre los conversos que se dedicaban al trabajo manual y los monjes que rezaban, apropiación de la mensa conventual en prebendas particulares, creación de peculios particulares, relajación de la disciplina, divisiones en torno al gobierno general de la orden... Loménie de Brienne, arzobispo de Toulouse y presidente de la comisión, resumió bastante bien la opinión compartida por gran parte del episcopado:

Hay religiosos totalmente alejados del espíritu de su estado y que pretenden liberarse de él; superiores ambiciosos que solo desean la autoridad y la riqueza; un pequeño número de personas honradas, pero negligentes y sin fervor; un número aún más reducido de religiosos santos, pero abandonados y sin prestigio.

También hay que matizar el análisis de las tendencias del reclutamiento. En Francia, el número de religiosos pasó de unos veintisiete mil en 1768 a menos de diecisiete mil en 1790. El parón fue notable: aunque el reclutamiento se había estabilizado o incluso había aumentado en algunos casos hasta mediados de siglo, se desplomó a partir de la década de 1760: en la familia franciscana y entre los carmelitas, la pérdida se acercó al 40 %, aunque entre los benedictinos se limitó al 13 %. A partir de la segunda mitad del siglo, el reclutamiento de religiosas se redujo en algo más de una cuarta parte, según C. Langlois: de unas mil ochocientas a unas mil doscientas al año. En realidad, la situación variaba por regiones, órdenes y, dentro de estas últimas, casas. Mientras que algunos conventos cerraban, otros no podían aceptar nuevos miembros. A la impresión general de declive se añaden fuertes contrastes. En Italia ocurrió lo mismo, ya que tras un aumento cuantitativo hubo un declive gradual hasta la década de 1730, e incluso hasta la de 1750: en Roma había unos tres mil seiscientos religiosos en 1719, tres mil novecientos en 1760 y tres mil cien en 1790, pero en el caso de las religiosas el descenso fue continuo: de mil novecientas en 1719 a mil quinientas en 1790.

También se podría decir que la actitud del clero regular en cuanto a las decisiones de la asamblea constituyente indica su vitalidad. El decreto del 13 de febrero de 1790 abolió los votos solemnes y ofreció una pensión a quienes optaron por volver al mundo, mientras que los demás debían agruparse en casas comunes, fuera cual fuera su orden. Las salidas fueron masivas entre los benedictinos y los cistercienses, los dominicos y los agustinos, y escasas entre los capuchinos, los trapenses, los cartujos y la gran mayoría de monasterios y conventos femeninos. Muchos religiosos aprovecharon la ocasión para renunciar a una vida que, por una razón u otra, ya no les convenía, pero no se debe subestimar el número de los que prefirieron reintegrarse en la sociedad antes que vivir bajo una regla ajena a sus votos. Y al contrario, la constancia de la mayor parte de las religiosas no significa necesariamente que todas renunciaran a reincorporarse al mundo por fidelidad a su vocación: se ejercía una gran presión social sobre las mujeres, para las que volver a la vida civil era más problemático.

2. Entre los cambios y la renovación

En el siglo XVIII, el mundo religioso también mostró muchos indicios de dinamismo y atravesó importantes transformaciones. La sociología del reclutamiento se amplió a nuevas categorías sociales que poco a poco se convirtieron en mayoritarias. Mientras que en el siglo XVII la nobleza y el mundo de los oficios (magistratura y finanzas) habían proporcionado la mayoría de los nuevos miembros de las órdenes, el relevo lo tomaron los mercaderes, los comerciantes y los talleres, así como los campesinos adinerados. M. C. Dinet-Lecomte reveló el alcance de la expansión de las congregaciones femeninas hospitalarias durante este periodo. La mayoría se desarrollaron solo a nivel local o regional, en función de las necesidades de las poblaciones: de las mil setecientas setenta y una comunidades del Antiguo Régimen cuya fecha de fundación se conoce, dos tercios aparecieron durante el siglo XVIII, mientras que la mayoría de las congregaciones fundadas durante el siglo anterior experimentaron un freno en su crecimiento (ciento ochenta y una casas frente a las doscientas treinta y tres de las Hijas de la Caridad en el siglo XVII) o este se detuvo por completo (las agustinas solo abrieron una decena). La constitución *Quamvis justo* de Benedicto XIV, al admitir el principio de una autoridad central ejercida sobre varias casas y en diferentes diócesis, fomentó el éxito de las congregaciones femeninas a cargo de una superiora general y dedicadas a la asistencia y a la enseñanza, éxito en el que la Revolución no hizo más que abrir un paréntesis. Las Hijas de la Sabiduría, fundadas en 1703 por Luis María Grignion de Montfort y Louise Trichet, experimentaron un gran aumento de incorporaciones a partir de 1750. El final del Antiguo Régimen supuso una afluencia de vocaciones: el reclutamiento de las Hijas de la Caridad experimentó un importante auge durante las décadas de 1750 y 1760 (de trescientas incorporaciones anuales a cuatrocientas cincuenta), para volver a crecer después de un estancamiento relativo durante la década de 1770. Lo mismo puede decirse de congregaciones más locales, como la Providencia en Ruan o las Hermanas de San Carlos en Nancy, fundadas en el siglo XVII, pero que experimentan un nuevo auge. El perfil de la vocación religiosa femenina cambia: la «buena hermana», entregada a las necesidades de la población y exenta del voto de clausura, toma el relevo de la monja de clausura y contemplativa.

La búsqueda de una vida religiosa menos alejada de la población laica también se dio en algunas congregaciones masculinas, tanto antiguas como de nueva creación. Los oratorianos, tras un desgaste a raíz de la crisis jansenista a principios de siglo, cobraron un auge sin precedentes después de 1750 (quinientos setenta y dos nuevos miembros en la década de 1780). Las cifras ocultan una transformación significativa. Aunque los sacerdotes seguían siendo mayoría en la década de 1720, en 1789 no superaban el 40 % de los miembros de la Iglesia: el nuevo oratoriano era laico. Si tenemos en cuenta solo este punto de vista, se parecía más a los Hermanos de las Escuelas Cristianas, constituidos en 1684 por Juan Bautista de La Salle y reconocidos en Roma en 1725, que se dedicaban a la enseñanza popular y no recibían el sacerdocio. Presentes en Roma desde 1700, comenzaron a expandirse fuera de Francia a partir de 1750.

También se crearon otras órdenes, sobre todo en Italia, que fueron prueba del perdurable espíritu apostólico de la reforma católica. En 1732, en Campania, Alfonso de Ligorio fundó los redentoristas (Congregación del Santísimo Redentor) para «continuar la labor de Cristo al anunciar la palabra de Dios a los pobres». Tres años antes, Benedicto XIV había autorizado a los pasionistas (Congregación de la Pasión de Jesucristo), una congregación contemplativa fundada por Pablo de la Cruz con el eremitismo y la oración como bases. Estas dos creaciones comenzaron a expan-

dirse fuera de Italia a finales de siglo, la primera hacia
Polonia y Curlandia (región de la actual Letonia) y la segunda hacia los Países Bajos austriacos e Inglaterra. Ambas
contaban con una rama femenina y demostraban la vitalidad renovada de la vida espiritual e incluso de la mística,
tras la crisis del quietismo. La Congregación de la Penitencia de Jesús de Nazaret, fundada en España por Juan Varela
y Lozada (1723-1769) con el fin de promover el dogma de
la Inmaculada Concepción, no fue autorizada por Pío VI
hasta 1784. Se expandió por toda la península, en Roma y
en Hungría. El mismo papa provenía de una nueva congregación, la de los Misioneros de San Juan Bautista, fundada
por Domenico Olivieri (1691-1766), aprobada en 1749 y
que trabajó en Hungría, el Cáucaso, India y China.

Así pues, la Revolución no fue la culminación de un
siglo claramente marcado por el declive de la vida religiosa. Es más, lo que hizo en Francia fue interrumpir de
forma brusca o retrasar una evolución en curso. El siglo XVIII resultó ser una centuria de grandes contrastes
que muestran transformaciones provocadas por el cruce
de diversas inspiraciones. La idea de una vida religiosa
menos separada de la sociedad se consolidó de forma definitiva, sobre todo para las mujeres, que tuvieron un
papel esencial en las nuevas creaciones.

7. Secularización y vida regular (siglos XIX a XXI)

El movimiento de secularización característico de la modernidad modificó en profundidad no solo el contexto social de las órdenes religiosas, sino también la concepción de la vida regular en sí. Por un lado, la modernidad rehabilitó e incluso exaltó la vida social por encima del antiguo ideal de escapar del mundo para encontrar la salvación. Poco a poco, el compromiso por mejorar la sociedad se convirtió, para la mayoría, en un auténtico desafío para la vida cristiana. Además, el crecimiento económico y los avances técnicos transformaron las condiciones materiales de vida y pusieron en entredicho el ascetismo tradicional en muchas comunidades religiosas. Por otro, la modernidad llevó a la secularización de los estados y de la vida política, con manifestaciones y ritmos que varían según el país. Los partidos laicos y los partidarios de un Estado secular y fuerte veían a menudo la manifestación de un compromiso total, la vida regular, sobre todo en clausura, como una amenaza. Por esta razón, este periodo se caracteriza por evoluciones muy opuestas. De hecho, tras más de un siglo de crecimiento, nunca ha habido tantos religiosos como a principios de la década de 1950, tanto en proporción con respecto al clero como en cifras absolutas. Pero el contexto social y político no siempre les ha sido favorable, ni mucho menos, y la entrada de la modernidad en los claustros supuso un profundo replanteamiento de la vida religiosa.

I. Los avatares del contexto político

1. La Revolución francesa y sus repercusiones en Europa

En Francia, el decreto del 18 de agosto de 1792 que ordenaba el cierre de todos los conventos y monasterios entró en vigor a principios de otoño. En los territorios anexionados o invadidos por la Francia revolucionaria y después imperial, estas medidas se aplicaron de distintas formas. En la margen izquierda del Rin, el cierre de conventos no se produjo hasta después de la firma del Concordato de 1801. En los nueve departamentos formados por los antiguos Países Bajos austriacos, los cierres, a partir de septiembre de 1796, afectaron a quinientas casas y cerca de quince mil religiosos. En Suiza, a partir de 1798,

se prohibió el reclutamiento de novicios y se seculariza-
ron los bienes de los conventos. En 1807, en Italia, las
autoridades establecidas por la Francia napoleónica extendieron la supresión de las órdenes religiosas a toda la
península. En España, fueron prácticamente abolidas
tras la invasión francesa: las Cortes de Cádiz recomenda-
ron en 1809 el cierre de los monasterios y conventos de
menos de doce personas y la limitación a un solo centro
por población para cada orden. Por el contrario, en la
Prusia polaca, la secularización de 1810 tenía una inten-
ción política: liberar a los campesinos de la servidumbre
monástica para comprometerlos con la política antina-
poleónica de la monarquía prusiana.

2. La Europa del Congreso de Viena: un contexto favorable

El clima de restauración monárquica, impuesto en Europa tras Waterloo, favorecía la reconstitución de los
monasterios, aunque con distintos grados de benevolencia. En Francia prevaleció una cierta ambigüedad. El dis-
creto restablecimiento de comunidades antiguas disper-
sas en 1792 no esperó a la caída del emperador, pero se
llevó a cabo al margen de la estricta legalidad: el Concordato de 1801 ni siquiera mencionaba las órdenes religiosas. El decreto de junio de 1804 autorizó explícitamente
solo a los misioneros (lazaristas, Misiones Extranjeras de
París, espiritanos) y a los sulpicianos y los trapenses, que

se disolvieron entre 1810 y 1811. Los Hermanos de las Escuelas Cristianas y sus cuarenta y dos escuelas quedaron sujetos al control de la Universidad. A las congregaciones femeninas hospitalarias y de enseñanza se las trató con la misma tolerancia: en 1814, el censo del Ministerio de Asuntos Eclesiásticos contaba doce mil religiosas repartidas en más de mil setecientas casas. Aunque no disponían de una autorización oficial, las contemplativas también empezaron a volver a formar sus comunidades, de modo que el número real de religiosas era mucho mayor. Este número estaba en torno a las treinta mil en 1830, y a mediados de siglo ascendió a más del doble, a unas sesenta y seis mil. En 1825, las congregaciones femeninas obtuvieron por ley el derecho a solicitar autorización, mientras que las masculinas seguían sin tenerlo. Sin embargo, empezaron a formarse de nuevo, al amparo de una relativa tolerancia administrativa.

En Italia, los concordatos firmados con los gobernantes restablecidos en sus estados aseguraron la dotación de monasterios. En Baviera, Luis I fomentó la reconstitución o fundación de monasterios benedictinos, pero las demás órdenes (carmelitas, redentoristas, capuchinos, franciscanos, agustinos y numerosas congregaciones femeninas) también se beneficiaron de su benevolencia, a excepción de los jesuitas. El primer rey de Bélgica, Leopoldo, apoyó de la misma forma a los regulares: pasaron de ser cuatro mil setecientos noventa en 1829 a alrededor de doce mil en 1846. Los jesuitas abrieron ocho colegios y restablecieron la Sociedad de los Bolandistas en 1837, mientras que los premonstratenses restablecieron cuatro de sus seis abadías del Antiguo Régimen. También volvieron a aparecer los carmelitas, redentoristas, capuchinos, franciscanos, dominicos... En los Países Bajos, el rey Guillermo II abolió en 1840 los decretos de 1814 y 1815 que habían prohibido el reclutamiento de religiosos, pero este ya se había ido retomando de forma progresiva a finales de la década de 1810.

La situación de los regulares (setenta y siete mil en más de dos mil cien casas a principios de siglo) sufrió más altibajos en España. La restauración de Fernando VII en 1814 significó también la de los monasterios: las decisiones de las Cortes de Cádiz fueron anuladas. Sin embargo, gracias a la revolución liberal, las Cortes de 1820 abolieron a los jesuitas y la ley de monacales racionalizó la distribución de monasterios y religiosos. En cambio, en Cataluña se decretó el cierre de todas las casas religiosas. Fernando VII anuló todas estas medidas en 1823. Frente al cuestionamiento de su autoridad por parte de los carlistas, en 1834 la regente María Cristina nombró una comisión para examinar la situación de los regulares. Mientras se libraba la guerra civil entre liberales y carlistas, en la década de 1830, los primeros ordenaron el cierre de monasterios y conventos, nacionalizaron sus bienes inmuebles y eliminaron los diezmos. En Madrid y otras provincias, los monasterios fueron el objetivo de violentas revueltas. Durante 1835, la mayoría de ellos se vieron obligados a cerrar. La tensión no decayó hasta la década de 1840, pero el regreso efímero de los radicales en 1854 dio lugar a nuevas medidas restrictivas. Desde la década de 1820, los jesuitas siempre fueron los primeros en estar en el punto de mira.

3. Los regulares contra los estados

Como ocurrió muy pronto en España, las órdenes religiosas restauradas o nuevas se vieron desafiadas, incluso más que el clero secular, por regímenes políticos o simplemente por gobiernos que temían su influencia.

Latinoamérica no se quedó atrás: Brasil adoptó las primeras medidas en 1827 y acabó prohibiendo el reclutamiento de novicios en 1855. En Francia, la Segunda República se mostró compasiva: la ley Falloux de educación (1850) supuso un régimen de libertad *de facto* para las congregaciones. Para las mujeres, el decreto del 31 de enero de 1852 reemplazó el reconocimiento por la vía administrativa por un registro por decreto. Pero a partir de 1860, su multiplicación empezó a suscitar cierta inquietud y la investigación administrativa emprendida por el Ministerio de Asuntos Eclesiásticos reveló el alcance del fenómeno: Francia contaba con ciento veintinueve mil religiosos, diez veces más que al final del Primer Imperio. La conquista del poder por parte de los republicanos en 1879 marcó el inicio de la lucha contra las congregaciones, pues consideraban que los religiosos, aún más que los seculares, encarnaban el «espíritu clerical» que amenazaba al nuevo régimen y el modelo social que este pretendía promover. Al mismo tiempo, varios gobiernos europeos adoptaron una actitud idéntica. En Italia, que estaba en proceso de unificación, las leyes de 1866 y 1867 ampliaron las medidas que el Piamonte había adoptado diez años antes: se abolió el reconocimiento legal de las órdenes y se confiscaron sus bienes, lo que afectó a cuatro de cada cinco establecimientos. La Revolución española de 1868 atacó de nuevo a los jesuitas y las casas religiosas que se habían reconstituido desde finales de la década de 1830. En Prusia, el *Kulturkampf* inspiró la ley de 1872 que prohibió la Compañía de Jesús, medida ampliada en 1875 a todas las órdenes no hospitalarias. En Suiza, donde los jesuitas llevaban prohibidos desde 1848, la revisión constitucional de 1874 impidió la fundación de nuevas casas religiosas y el restablecimiento de las que habían sido suprimidas. Los liberales belgas, que habían llegado al poder en 1878, aplicaron una política de laicización de la enseñanza en detrimento de las congregaciones.

Los republicanos franceses también iniciaron su lucha contra las congregaciones a través de la educación. En 1880, dos decretos dictados por Jules Ferry ordenaron la disolución de la Compañía de Jesús y obligaron a solicitar autorización en el plazo de tres meses a las congregaciones que no lo hubieran hecho. Se cerraron doscientos sesenta y un conventos y se expulsó a más de seis mil quinientos religiosos. No obstante, las autoridades toleraron su regreso muy pronto, y hubo nuevas fundaciones:

de este modo, los benedictinos volvieron a Solesmes y reconstruyeron cinco casas entre 1889 y 1897. La guerrilla contra las congregaciones continuó, fomentada por el espíritu de cruzada y martirio de muchos religiosos, encabezados por los asuncionistas. Se centró en la fiscalización de las congregaciones; haciendo hincapié sobre todo en la educación y se agravó por las tensiones que creó el caso Dreyfus. En 1900, los asuncionistas de *La Croix* fueron disueltos por el tribunal correccional del Sena. La ley de 1901 sobre asociaciones, aprobada bajo la égida de Waldeck-Rousseau, obligó a las congregaciones a presentar su solicitud de autorización al Parlamento en un plazo de tres meses, so pena de considerarse disueltas. Mientras que una pequeña mayoría de congregaciones masculinas decidió oponerse, la mayor parte de las femeninas se sometieron. Tras las elecciones de 1902, el nuevo presidente del Consejo, Émile Combes, impuso el cierre de los colegios de las congregaciones. El Parlamento rechazó cincuenta y cuatro solicitudes de autorización de las sesenta presentadas por las congregaciones masculinas y ochenta y una de las trescientas noventa y cinco presentadas por las femeninas. En total, se consideraron disueltas ochenta y seis congregaciones masculinas y doscientas once femeninas, que se vieron obligadas a elegir entre el exilio y la secularización. Solo se salvaron los institutos misioneros: «el anticlericalismo no es un producto de exportación». La ley del 7 de julio de 1904 prohibió la educación por parte de las congregaciones, y en su discurso del 4 de septiembre de 1904,

Combes informó del cierre de trece mil novecientos cuatro establecimientos. Se expatriaron unos treinta mil religiosos, sobre todo a los países católicos y/o francófonos del continente, pero también a Gran Bretaña, América del Norte y sobre todo Quebec y América del Sur.

II. El siglo XIX, nueva edad de oro para los regulares

La cautela o la hostilidad que las órdenes religiosas han podido suscitar en la época contemporánea son proporcionales a su excepcional crecimiento durante el siglo XIX y, según los países, hasta mediados del siglo XX, con ritmos de crecimiento variables en función del país y la orden.

1. El restablecimiento de las órdenes religiosas

Conviene presentar algunas estadísticas. A la caída de Napoleón I (1815), tan solo quedaban una treintena de monasterios benedictinos de los mil quinientos que había repartidos por Europa a mediados del siglo XVIII, y apenas reunían a unos centenares de monjes. En 1850 había unos mil seiscientos, y cerca de seis mil en 1900. Los Hermanos de las Escuelas Cristianas pasaron de ser doscientos setenta y cuatro en 1811 a unos seis mil en 1854 y más de dieciséis mil trescientos en 1900. Las Hijas de la Caridad: pasaron de mil seiscientos en 1815, a ocho mil en 1849 y veinte mil en 1880. Durante el pontificado de Pío IX (1846-1878), muchas órdenes antiguas vieron disminuir su número, un tercio de media, como consecuencia de las políticas de secularización en varios países: los franciscanos pasaron de veintidós mil a catorce mil entre 1850 y 1885, y los dominicos, de cuatro mil quinientos a tres mil trescientos cuarenta entre 1850 y 1876. Pero a finales de siglo el reclutamiento volvió a aumentar: en vísperas de la Primera Guerra Mundial, capuchinos y dominicos habían recuperado sus cifras de 1850.

Más espectaculares aún fueron la resurrección y el crecimiento sostenido de la Compañía de Jesús, que, sin embargo, atravesó más vicisitudes que las demás. En 1801, Pío VII confirmó la existencia de la Compañía en Rusia, donde muchos antiguos jesuitas se habían exiliado. En aquella época, se habían fundado muchas sociedades de sacerdotes según el modelo ignaciano y habían comenzado a agruparse: en París, Joseph Picot de Clorivière, antiguo jesuita, fundó la Compañía del Corazón de Jesús, que en 1798 constaba de setenta y un miembros. Dos sacerdotes franceses que habían emigrado, los padres Tournély y Broglie, habían creado la Sociedad de Sacerdotes del Sagrado Corazón. En Italia, Nicolás Paccanari había organizado con el mismo espíritu a los Padres de la Fe. En 1814, de vuelta en Roma, Pío VII emitió la bula *Sollicitudo omnium ecclesiarum*, por la que se restablecía la Compañía de Jesús. A los ochocientos antiguos jesuitas que volvieron a su orden pronto se unieron muchos nuevos miembros: había dos mil en 1820, cuatro mil seiscientos en 1852 y diecisiete mil en 1914.

2. La abundancia de nuevas congregaciones

Aún más impresionante fue el incremento de nuevas congregaciones. Roma aprobó cuarenta y dos entre 1850 y 1860, y setenta y cuatro tan solo entre 1862 y 1865. El aumento de miembros es impresionante, como demuestran unos pocos ejemplos: los Oblatos de María Inmaculada, fundados en 1816 por Mazenod, eran doscientos setenta en 1850, pero tres mil ciento diez en 1914; los claretianos (o Hijos del Inmaculado Corazón de María), fundados en Cataluña en 1849, pasaron de doscientos sesenta y siete en 1875 a casi mil quinientos en 1900; los Salesianos de Don Bosco, fundados en 1859, eran más de tres mil quinientos en 1900, repartidos en treinta y un países en 1914. El éxito de las congregaciones femeninas fue aún mayor: el Buen Pastor, fundado en 1835 por María Eufrasia Pelletier, contaba ya con más de dos mil miembros a su muerte en 1868, y más de siete mil en 1901; las Hermanitas de los Pobres de Juana Jugan (1839) tenían cinco mil cuatrocientos miembros en 1911; las Franciscanas Misioneras de María, de fundación tardía (1877), superaban ya los dos mil miembros apenas veinte años después, y se podrían citar muchas otras congregaciones, en particular en la gran red franciscana. En vísperas de la Segunda Guerra Mundial, había más de un millón de religiosas católicas en el mundo. Francia fue uno de los mayores focos de estas nuevas congregaciones, sobre todo durante la primera mitad del siglo: del centenar de creaciones entre 1800 y 1850, más de dos tercios eran de origen francés. Durante el siguiente periodo, Francia y el norte de Italia reunían más del 40 % de las fundaciones, aproximadamente el mismo porcentaje que el resto de países europeos juntos, mientras que el resto del mundo (sobre todo América del Norte) representaba alrededor de una sexta parte. Al mismo tiempo, muchas congregaciones se extendieron por el extranjero (por esta razón casi un tercio de los Hermanos de las Escuelas Cristianas estaban fuera de Francia en el momento de su expulsión en 1904) y algunas llegaron a ver cómo su centro de gravedad se trasladaba al Nuevo Mundo durante este periodo.

3. Francia, patria de la «buena hermana»

Entre el final del siglo XVIII y el final del XIX, se fundaron cerca de cuatrocientas congregaciones femeninas en Francia. Suponen las tres cuartas partes de todas las fundaciones desde el principio del siglo XVII hasta 1950. Entre 1820 y 1860, se registraron una media de seis fundaciones al año. Este fenómeno también llegó a Bélgica al mismo tiempo y después a Italia, España y Latinoamérica después de 1870. La «buena hermana» se convirtió en la figura más representativa del clero francés: las religiosas representaban el 58 % a mediados de la década de 1870, frente al tercio de 1790 y el 40 % de 1830. Las nuevas fundaciones solían surgir de grupos, a menudo rurales, de jóvenes seculares reunidas por un sacerdote para enseñar a los niños y cuidar de enfermos y ancianos. Conforme el grupo inicial iba creciendo y convirtiéndose en una comunidad, la necesidad de estatutos y normas se hizo evidente. De esta manera se multiplicaron las congregaciones seculares de vida activa, con votos a menudo temporales, y muchas de ellas acabaron como congregaciones regulares con votos definitivos. Unos dos tercios de ellas se dedicaban a la enseñanza popular, mientras que el resto formaba el grueso del personal de hospitales, hospicios para pobres o cárceles de mujeres. Sin embargo, el elemento contemplativo seguía siendo central para muchos, como en Notre-Dame du Cénacle, fundada por Teresa Couderc en Lalouvesc en 1826, muy influida por la espiritualidad ignaciana. Al mismo tiempo, en Francia apareció una nueva forma de organización que mucho más tarde recibiría la nomenclatura canónica de «instituto secular». La Sociedad de las Hijas de San Francisco de Sales fue uno de los prototipos. Fue creada en 1872 por Caroline Carré de Malberg bajo la dirección del abad Henri de Chaumont y agrupó a mujeres laicas (solteras, casadas o viudas) que se consagraban a los pobres y al apostolado. Sus constituciones no fueron aprobadas hasta 1911. El deseo de compaginar la vida laica y la religiosa explica el renacimiento de las órdenes terciarias, sobre todo de las franciscanas, a partir de mediados del siglo XIX, primero en Francia para luego extenderse por toda la Europa católica.

4. Bajo los ojos de Roma

La curia no veía necesariamente con buenos ojos la multiplicación de congregaciones, que a menudo solo tenían un público local. Roma intentó controlar un fenómeno que nunca antes había alcanzado semejantes proporciones. Nada más llegar al papado, en 1846, Pío IX estableció la congregación *Super statu regularium* para la reforma de las órdenes antiguas. En 1862, por iniciativa del obispo Bizzarri, la congregación de obispos publicó un *Methodus* en el que se establecían normas comunes para los estatutos de las congregaciones femeninas. El papa apoyó la centralización del gobierno de las órdenes, sobre todo de la orden benedictina, fomentando la reagrupación de monasterios en congregaciones, la mayor de las cuales, la de Subiaco, se instituyó en 1872. No dudó en intervenir en el nombramiento de varios superiores generales: para los dominicos en 1850, los redentoristas en 1853 y los franciscanos en 1856 y 1862. León XIII (1878-1903) continuó con esta política. En 1893, reunió a las congregaciones benedictinas en una confederación cuyo abad primado tenía derecho a visitar todos los monasterios. Cuatro años más tarde, las cuatro familias franciscanas pasaron a estar bajo la autoridad de un solo general. Por último, en 1900, las ursulinas de Europa y América se agruparon en la Unión Romana, dirigida por una superiora general. El mismo año, la constitución *Conditae a Christo* estableció el estatuto canónico de las congregaciones con votos simples y una superiora general, lo que ratificó y normalizó en gran medida la organización de las numerosas nuevas congregaciones. En 1906 se decidió que toda nueva congregación diocesana debía pedir la aprobación de Roma. Se animó a las órdenes que no lo hubieran hecho a instalar en Roma su casa generalicia o al menos una casa de estudios. En 1908, por último, al mismo tiempo que reformaba la curia, Pío X decidió que, en adelante, los superiores generales presentarían un informe a la congregación de regulares cada tres años.

III. Los nuevos desafíos del siglo XX

1. Evoluciones nacionales muy contrastadas

La primera mitad del siglo XX corresponde al apogeo numérico del mundo de los religiosos. Su crecimiento continuó en unos países y se estabilizó a un nivel alto en otros. En Italia, durante el periodo de entreguerras, las cifras aumentaron considerablemente: entre 1921 y 1936, el número de hombres pasó de más de siete mil a más de veintiocho mil, y el de mujeres, de casi cuarenta y cinco mil a casi ciento treinta mil. Se realizaron múltiples fundaciones, sobre todo en el norte, la mayoría de ellas dedicadas a obras de asistencia (hospitales, orfanatos, hospicios). Pero el papel de las congregaciones educativas siguió siendo esencial: a finales de la década, los salesianos enseñaban a treinta y seis mil alumnos en cuatrocientas escuelas, y las religiosas dirigían más de siete mil trescientas escuelas. El mundo editorial también estaba involucrado, en particular la *Pia Società San Paolo*, fundada por Giacomo Alberione en 1914, que también tenía una rama femenina. Además de contar con su propia red de librerías, se especializó en edición y prensa: en 1931, lanzó el semanario *Famiglia Cristiana*, que llegó a tener una tirada de un millón de ejemplares a principios de los años sesenta. En Bélgica, el crecimiento se estabilizó en torno a diez mil religiosos y cuarenta y cuatro mil religiosas entre 1920 y 1960. Pero tras esta aparente estabilidad, el crecimiento continuó hasta los años treinta, aunque el regreso a Francia de congregaciones exiliadas a raíz de las leyes anticlericales de principios de siglo desdibujó las estadísticas, al igual que el aumento de la esperanza de vida, que enmascaró el descenso de las vocaciones. Las congregaciones también desempeñaron un importante papel en la educación: a finales de los años cincuenta, eran responsables de casi dos tercios de los alumnos de secundaria y de un tercio del profesorado. Pese a algunos contratiempos, la expansión monástica también continuó en Estados Unidos, sobre todo desde el monasterio cisterciense de Nuestra Señora del Valle (Rhode Island), cuyos miembros se cuadruplicaron entre 1928 y 1948 y se extendieron hasta Nuevo México. En 1960, uno de cada cuatro trapenses vivía en Estados Unidos. La orden se benefició de la reputación mundial de Thomas Merton, miembro del monasterio de Getsemaní (Kentucky), que en 1948 publicó un *best seller* en el que narraba su experiencia religiosa: *La montaña de los siete círculos*.

2. Los regulares en los debates religiosos y la vida intelectual

Los regulares desempeñaron un papel esencial en la renovación espiritual y teológica del siglo XX, en la que el redescubrimiento de la cristología fue un eje fundamental. Jean-Baptiste Chautard (1858-1935), abad trapista de la abadía de Sept-Fons, publicó en 1907 un libro destinado a convertirse en uno de los grandes éxitos del siglo: *El alma de todo apostolado*. Siguiendo los pasos del papa León XIII, insistió en que la oración debía primar sobre la acción. Columba Marmion (1858-1923), abad de Maredsous (Bélgica), tuvo una gran influencia espiritual. La abadía se convirtió en un centro intelectual, especialmente con la publicación de la revista *Revue bénédictine* desde 1884. Especializada en los estudios bíblicos, tuvo un importante papel en el desarrollo de una pastoral fundada en el regreso a las Escrituras, en particular con una nueva traducción de la Biblia en 1952 y la publicación de la revista *Bible et vie chrétienne* de

1953 a 1972. Entre los dominicos, en particular Réginald Garrigou-Lagrange (1877-1964), autor de numerosas obras, floreció una neoescolástica, a veces muy combativa contra el modernismo. La orden hizo un gran despliegue editorial con el lanzamiento de la revista *La Vie intellectuelle* en 1928 y del semanario *Sept* en 1934 y la creación en 1929 de Éditions du Cerf, cuya colección «*Unam Sanctam*» publicó grandes obras. Sin embargo, la renovación teológica fue obra de los dominicos, en especial de los padres Congar y Chenu en el convento parisino de Saulchoir. La Compañía de Jesús también participó en la revista *Recherches de science religieuse* y en las colecciones «Théologie» y «Sources chrétiennes», esta última dedicada a la publicación científica de textos patrísticos. La renovación de la cristología se desarrolló sobre todo en torno al escolasticado de Fourvière en Lyon, especialmente con Henri de Lubac, pero despertó sospechas de «criptomodernismo» por parte de Roma. La «purga de Fourvière», que prohibió la docencia a los sospechosos (mayo de 1950), seguida de sanciones similares contra los dominicos de París en 1953, intentó contener una tendencia fundamental que triunfó tras el Concilio Vaticano II.

Esta ebullición intelectual estaba acompañada de una potente corriente de renovación pastoral. No es de extrañar que los religiosos, cuyas vidas en muchos casos giran en torno al oficio divino y la celebración de la eucaristía, desempeñaran un papel importante en el desarrollo de los estudios litúrgicos. En el congreso eucarístico de Malinas de 1909, Lambert Beauduin inauguró el movimiento de renovación litúrgica, en el que las abadías belgas de Mont-César (con la revista *Revue des questions liturgiques*) y Saint-André (con la revista *Paroisse et Liturgie* y la publicación del misal de Lefebvre en 1920) desempeñaron un importante papel. La formación catequética también recibió una gran atención. Los jesuitas abrieron en Lovaina, en 1935, el centro de documentación *Lumen vitae*, que se convirtió en un centro educativo con una sección internacional en 1957. En términos más generales, los religiosos, siguiendo el ejemplo de los jesuitas y los dominicos, se volvieron más activos en la dirección espiritual de los laicos, sobre todo en las capellanías de los movimientos de acción católica.

3. La modernización de las órdenes religiosas

La renovación de las órdenes religiosas, que fue objeto de un largo debate que comenzó como mínimo en el periodo de entreguerras, concernía a todos los aspectos de la vida religiosa. Hubo resistencias a la adaptación a las nuevas condiciones técnicas de la vida moderna y a la comodidad que estas ofrecían, aunque Marmion († 1923) había instalado electricidad y calefacción central en la abadía de Maredsous. La introducción de lo que en la actualidad son los criterios de bienestar básico se produjo de forma muy gradual. De esta forma, en el Carmelo de

Pontoise, la calefacción de gas se instaló en las salas comunes al principio de los años veinte. Al principio de los cincuenta, las celdas, ya con electricidad, solo contaban con tuberías que las recorrían para abastecer los radiadores de las oficinas. Las cuestiones planteadas por esta adaptación no eran secundarias, ya que inducían a reflexionar sobre la pobreza y la fidelidad a la regla. El mismo tipo de problema surgió con respecto a la vestimenta, la higiene personal, la comunicación con las visitas, etc.

La reflexión llevaba a cuestionar de nuevo el sentido de la vocación y la fidelidad al espíritu de la orden, su «carisma». La organización interna de las casas y el gobierno de las congregaciones y órdenes también se cuestionaron: ¿hacía falta mantener la jerarquía de religiosos y legos? ¿Cómo conciliar la obediencia con el deseo de una mayor colegialidad a medida que los principios de la democracia se asentaban en la mente de la población? Para las órdenes contemplativas el reto era también conciliar la necesidad de orar con la de integrar las preocupaciones apostólicas. Así, el mundo de los religiosos experimentó una intensa ebullición, entre cuestionamientos y reclamaciones de fidelidad, a costa de muchas tensiones.

En 1950, Pío XII publicó la constitución *Sponsa Christi*, destinada a las monjas: a la vez que las alentaba a mantenerse fieles a su vocación, invitaba a cada comunidad a trabajar para garantizar en la medida de lo posible su autonomía económica, lo que supuso una auténtica revolución, sobre todo para las monjas contemplativas. Durante la misma década se constituyeron las estructuras colegiadas: federaciones bajo la supervisión de un asistente nombrado por la Santa Sede en las órdenes cuyas casas eran autónomas por tradición, asambleas que reunían a los superiores mayores de las órdenes con gobierno central. En octubre de 1965, por último, Pablo VI promulgó el decreto *Perfectae caritatis* sobre «la renovación y la adaptación de la vida religiosa». Definió así la renovación: «a la vez el continuo retorno a las fuentes de toda vida cristiana y a la inspiración originaria de los institutos y la acomodación de estos a las cambiadas condiciones de los tiempos». Legitimó los debates abiertos y los cambios que habían comenzado. Renovó el significado de los votos monásticos haciendo hincapié en la interiorización de la castidad, insistiendo en la doble dimensión individual y colectiva de la pobreza y proponiendo una concepción de la obediencia tanto responsable como activa. También impulsó una intensa labor de memoria histórica en el seno de las antiguas órdenes para volver a descubrir su «carisma» original y traducirlo en términos ajustados al mundo moderno. Este enfoque no contó con el apoyo de todos, y la defensa de la herencia postridentina por parte del movimiento tradicionalista también afectó al mundo de los regulares. Además, en el ámbito de la promoción declarada del laicado, los movimientos laicales de órdenes religiosas como la OCDS (Orden de Carmelitas Descalzos Seglares) tuvieron un verdadero auge en la segunda mitad del siglo XX, tanto en Europa como fuera de ella.

4. Las nuevas comunidades

La segunda mitad del siglo xx estuvo marcada por importantes cambios. Cuando las congregaciones, sobre todo las de vida activa, sufrieron un declive inexorable en Europa, el centro de gravedad del reclutamiento se desplazó hacia los países del sur. Al mismo tiempo, se multiplicaron las nuevas comunidades, por lo general marcadas por una fuerte orientación contemplativa y a veces influidas por la liturgia y la espiritualidad ortodoxas. Tan solo podemos esbozar una idea de una historia aún en ciernes, marcada por los fracasos.

En torno a las antiguas órdenes aparecieron nuevos grupos: la familia monástica de Belén, fundada tras la proclamación del dogma de la Asunción (1950), bajo la paternidad espiritual de san Bruno, o la Comunidad San Juan (1975), fundada por un dominico de Friburgo, Marie-Dominique Philippe. Otras quisieron promover la renovación monástica en un contexto urbano, como las Fraternidades de Jerusalén, establecidas por Pierre-Marie Delfieux a partir de 1975, después de una experiencia eremítica en el Sáhara; a veces se hacían cargo de parroquias, como la Fraternidad de San Juan de Malta, fundada en 1977 por Jean-Miguel Garrigues. Otros estaban relacionados con el movimiento carismático surgido del pentecostalismo estadounidense. En la década de 1960, en Estados Unidos se formaron grupos de oración de estudiantes católicos en busca de la efusión del Espíritu Santo. Ralph Martin y Steve Clark fundaron en 1967 en Ann Arbor (Michigan) una comunidad ecuménica, *The Word of God,* que se expandió por Latinoamérica y Europa. El movimiento carismático católico, marcado por la gran implicación de los laicos, como en el caso de la comunidad del Emmanuel, fundada por Pierre Goursat y Martine Catta-Laffitte (1974), no es nada ajeno al clero regular. De este modo surgió en Lyon a finales de los sesenta la Comunidad Chemin Neuf, fundada por dos jesuitas, Mike Cawdrey y Laurent Fabre. En la actualidad está presente en veintiséis países y se inspira en la espiritualidad ignaciana: los *Ejercicios espirituales* son para ella una referencia identitaria, y las formaciones que organiza están vinculadas a las instituciones universitarias de la Compañía. La Comunidad de las Bienaventuranzas, que surgió en 1991 de la Comunidad del León de Judá y del Cordero Inmolado, presente en cuarenta y cinco países hoy en día, se basa en la tradición carmelita. Aunque reúnan sobre todo a laicos, emparejados o solteros, las comunidades carismáticas quieren renovar la vocación monástica para una vida en comunidad según las máximas del Evangelio. La mayoría de las veces constan de residencias para familias o solteros y de espacios para asambleas de oración a las que asisten los miembros no residentes. No obstante, la comunidad de vida no es total, y la mayoría de los miembros tienen una vida profesional en el exterior. Esta nueva forma de vida hizo necesario definir un nuevo estatuto canónico, el de «asociación de fieles de derecho diocesano» o «de carácter internacional», que se ha ido reconociendo progresivamente desde los años ochenta. Cabe señalar que, en la curia, estas comunidades están bajo la autoridad del Consejo Pontificio para los Laicos. Sin embargo, están evolucionando de una forma que probablemente no esté estabilizada en muchas de ellas. La de Chemin Neuf es un buen ejemplo: reconocida como asociación pública de fieles de derecho diocesano en 1984 por el arzobispo de Lyon, y después como asociación internacional de fieles por el Vaticano, creó en 1992 para sus miembros sacerdotes un «instituto religioso de derecho diocesano», reconocido de derecho pontificio en 2009. De esta forma, también depende de la Congregación Romana para los Institutos de Vida Consagrada. En cambio, desde 1993, el Estado francés la reconoce como congregación religiosa.

El ideal de renovación representado por estas comunidades no ha impedido que algunas de ellas, por mencionar solo el caso francés, se hayan visto afectadas en las últimas décadas, tanto por la denuncia de abusos sexuales, de los que se ha empezado a hablar hace poco en el mundo de los regulares –es el caso del padre Marie-Dominique Philippe–, como por la sospecha de tendencias sectarias, como en el caso de la Comunidad Chemin-Neuf, citada por la Miviludes –Misión interministerial de vigilancia y lucha contra las derivas sectarias, organismo público francés creado en 2002– en su informe de 2018-2020.

8. Los regulares y las misiones

A partir del siglo XIII, los franciscanos y los dominicos desarrollaron una actividad misionera. Sin embargo, esta distaba mucho de la desempeñada por las órdenes religiosas que estaban en primera línea para difundir el cristianismo durante las dos grandes fases de expansión mundial de Europa en los siglos XVI y XIX, marcadas tanto por la exploración de territorios desconocidos como por la creación de grandes imperios coloniales. Su experiencia tuvo repercusión no solo dentro de la propia Iglesia, donde los métodos misioneros fueron portadores de concepciones teológicas e incluso de debates políticos, sino de forma más general en la cultura europea, a cuya apertura al mundo contribuyeron. Los religiosos fueron, por tanto, los mayores artífices en la construcción del dominio europeo, a cambio de un compromiso con las potencias coloniales, del que se beneficiaron a la vez que se les imponían limitaciones.

I. La primera expansión misionera (siglos XVI-XVIII)

1. El peso de los regulares

Las órdenes mendicantes (franciscanos y dominicos, a los que luego se unieron agustinos y mercedarios) se instalaron en América siguiendo los pasos de los primeros conquistadores. En 1505 se creó la primera provincia franciscana. Los jesuitas llegaron a Brasil a mediados de siglo, al mismo tiempo que se establecían en las Indias Orientales con los viajes de Francisco Javier (de Goa a Japón, pasando por Ceilán, Malaca y las Islas Molucas). En Oriente Próximo, bajo dominio otomano, los mendicantes fueron los protagonistas, sobre todo los carmelitas descalzos, que se volvieron a instalar en el Monte Carmelo en el siglo XVII, pero también los capuchinos y los dominicos, reforzados por los jesuitas. Sin embargo, la Compañía de Jesús, presente en todas las tierras de misión muy pronto, fue la orden misionera por excelencia de la Edad Moderna, aunque en Europa se la conociera antes como una orden de enseñanza. Reconectó así con la intuición original de Ignacio de Loyola. Pero, al igual que otros regulares, los jesuitas no estaban consagrados a esta única actividad. Los candidatos a la misión solicitaban partir escribiendo al padre general cartas de motivación en las que expresaban su deseo, las *litterae indipetae*. En esta época no existía una orden exclusivamente misionera. En torno al Seminario de Misiones Extranjeras, instalado en la rue du Bac en París en 1663, se estableció una sociedad de sacerdotes seculares que no se convirtió en una congregación hasta 1917, al adoptar constituciones y elegir un superior general. Garantizaba la formación de sacerdotes al servicio de la Congregación de la Propaganda (véase la pág. 142), que los enviaba de misión a las órdenes de los vicarios apostólicos nombrados por el papa. Del mismo modo, en la época moderna, las monjas solo desempeñaron un papel significativo en las misiones de forma excepcional. María de la Encarnación Guyart (1599-1672), que instaló a las ursulinas en Nueva Francia en 1639, tuvo que renunciar muy pronto a su proyecto de convertir a las niñas indígenas para acoger a las niñas de la colonia francesa. Los monasterios femeninos establecidos en Iberoamérica acogían sobre todo a las hijas de los colonos.

En los imperios portugués y español, la acción de los regulares estaba sometida al régimen del patronato real: no respondían ante Roma directamente, sino ante la autoridad real encarnada en los virreyes y gobernadores. En 1622, a instancias del general de los Carmelitas Descalzos, Domingo de Jesús María (conocido por su papel en la victoria del imperio en la batalla de la Montaña Blanca dos años antes), Gregorio XV otorgó a la curia un órgano específico para supervisar la labor misionera:

la congregación *De propaganda fide*, llamada común-
mente «la Propaganda». Tras examinarlos, otorgaba
mandatos y poderes a los candidatos a la misión. A cambio, debían enviar informes regulares sobre sus actividades y los resultados de estas.

2. Los regulares en el centro de los debates

Los métodos misioneros de los jesuitas en particular
provocaron debates, incluso entre sus propias filas. Los
dos casos más célebres fueron la disputa de los ritos chinos y las reducciones guaraníes. La primera, con este
nombre tan convencional, es mucho más que una simple cuestión de rituales. En China e India, inspirados sobre todo por Andrea Valignano (1539-1606), Matteo
Ricci (1552-1610) y Roberto de Nobili (1577-1656),
los jesuitas dieron un nuevo enfoque a la misión que
prefiguraba lo que más tarde se llamaría «inculturación». Defendía el dominio de las lenguas locales y el conocimiento exhaustivo de las culturas, el desarrollo de la
literatura cristiana en estas lenguas, la adopción de costumbres y ritos locales compatibles con el cristianismo y
la formación del clero local. En China, por ejemplo, se
abogaba por la adopción de la vestimenta mandarina, la
omisión de varias ceremonias bautismales y la abolición
de la extremaunción para las mujeres, así como el uso de
las palabras «Cielo» y «Señor» para referirse a Dios
aunque también significaran «emperador» y la venera-

ción de Confucio y los antepasados. Estos conceptos estaban en las antípodas de los métodos empleados por los franciscanos y dominicos españoles, que mantenían la idea de que la conversión requería el rechazo de todos los elementos no cristianos, considerados paganos y, por tanto, obra del diablo. Los dominicos llevaron el debate a la Santa Sede a principio de la década de 1640. La Propaganda y el Santo Oficio dictaron una primera condena en 1645, ordenando a los jesuitas que renunciaran a toda adaptación. Esto marcó el inicio de una polémica secular que no se cerró hasta 1742, con una nueva condena dictada por Benedicto XIV (bula *Ex quo singulari*).

En cuanto a las reducciones del Paraguay, estas plantearon directamente la cuestión de la independencia de las órdenes religiosas en el ámbito temporal. En 1610 Felipe III de España había concedido a los jesuitas la administración secular y la jurisdicción en los territorios aún no colonizados que bordeaban el río Paraná. Estos, para evangelizar a los indígenas guaraníes, los sedentarizaron en «reducciones», aldeas de dos mil a tres mil habitantes que vivían de forma autosuficiente en una economía a medio camino entre el modelo monástico y las utopías socialistas del siglo XXI. Con el paso de las generaciones se construyó un auténtico Estado jesuita en el corazón de América, pacífico, aunque los sacerdotes tenían desde 1641 el derecho a armar a los guaraníes para protegerse de los ataques de otros indígenas y de las incursiones de los colonos europeos. En 1750, una reconfiguración de las fronteras entre España y Portugal supuso que una parte de las reducciones pasaran a estar en territorio portugués. Los indígenas no tardaron en rebelarse contra los colonos que pretendían explotar aquellos nuevos territorios y los jesuitas fueron acusados de fomentar la sedición. Esta fue una de las causas por las que fueron expulsados de Portugal en 1759. Los dominicos y los franciscanos que los reemplazaron en sus funciones sacerdotales no pudieron mantener la misma organización y se devolvió a los indígenas la condición de comunes, al igual que en las reducciones del territorio español, del que los jesuitas fueron expulsados a mediados de la década de 1760. En los debates abiertos por el asunto de las reducciones guaraníes, los adversarios de los padres les reprocharon querer construir el reino de Dios en la tierra a riesgo de una grave confusión entre lo temporal y lo espiritual: una teocracia resultaba ya inconcebible en la órbita de una Europa en la que los monarcas no solo habían afirmado su independencia de la Iglesia, sino que a menudo incluso habían reforzado su control sobre ella.

3. Los regulares y la apertura de la cultura europea

Por último, debemos señalar el importante papel que los regulares de la Edad Moderna desempeñaron para desarrollar el conocimiento de las civilizaciones de fuera de Europa con la publicación de relatos de sus viajes, el estudio de las lenguas y sus trabajos precursores de la etnología moderna. Bernardino de Sahagún, misionero franciscano en México de 1529 a 1590, es un excelente ejemplo: su *Historia general de las cosas de Nueva España*, cuya publicación estuvo prohibida durante su vida, es una auténtica investigación antropológica sobre los ritos y las ceremonias de los aztecas antes de la conquista, escrita en náhuatl a partir de preguntas planteadas a los ancianos que habían conocido la sociedad indígena antes de esta fecha. En 1588, el agustino español González de Mendoza publicó *Historia del gran reino de la China*, basada en los relatos de viajes de tres misioneros: el libro, traducido al francés al año siguiente, tuvo un gran éxito, como demuestran las alusiones a él que hace Montaigne en sus *Ensayos*. La obra en latín de Nicolás Trigault, *De Christiana expeditione apud Sinas*, tuvo también una gran difusión. A través de estas obras y de muchas otras, tanto los teólogos como la república de las letras incluyeron a China en sus debates sobre la religión natural y la cronología universal: «¿Quién es más creíble de los dos: Moisés o China?», se preguntaba Pascal. En el siglo XVIII, las *Cartas edificantes, y curiosas*, publicadas con fines apologéticos por los jesuitas de 1702 a 1776 (con treinta y cuatro volúmenes), ofrecían a los lectores informes sobre todas las regiones en las que trabajaban los misioneros jesuitas, desde América hasta el Lejano Oriente: las dedicadas a China tuvieron tal repercusión que el padre Du Halde escribió una obra de referencia basada en ellas: *Description de la Chine et de la Tartarie chinoise* (1735).

II. Los regulares y el renacimiento misionero en la Edad Contemporánea

1. Nuevas congregaciones e institutos misioneros

Tras el paréntesis revolucionario y napoleónico, el pontificado de Gregorio XVI (que primero fue monje camaldulense y abad del monasterio de San Gregorio en Roma y después prefecto de la Congregación de la Propaganda a partir de 1826) preparó la reactivación de la actividad misionera (1831-1846). A partir de mediados de siglo, contribuyeron a ella la apertura forzada a Occidente de muchos países (Tratado de Tianjin con China en 1858, Japón en 1872, Corea en 1886) y la expansión colonial de Europa. Como en la Edad Moderna, muchas órdenes asignaron cada vez a más miembros a las misiones. De esta forma, por iniciativa del padre Roothaan, el porcentaje de jesuitas destinados en el extranjero pasó del 6 % en 1829 al 19,5 % en 1853. Sin embargo, fueron sustituidos de forma muy rápida por el extraordinario desarrollo de los institutos exclusivamente misioneros, de los que es imposible hacer una lista exhaustiva dentro de los límites de esta obra. Francia desempeñó un importante papel: en 1816, Jean-Claude Colin sentó las bases de la Sociedad de María (o maristas), activa en Oceanía a partir de 1836. La Congregación de los Sagrados Corazones de Jesús y de María, fundada en 1800 por el padre Coudrin, se estableció en Oceanía y en América del Sur. Los espiritanos, refundados en 1848 por Fran- ·

çois Liberman, que unió su Sociedad del Sagrado Corazón de María (1841) a la del Espíritu Santo (Poullart des Places, 1703), se dedicaron sobre todo a África y se convirtieron en uno de los principales institutos misioneros de Francia. También debemos mencionar a los Misioneros del Sagrado Corazón de Issoudun (abad Jules Chevalier, 1854), las Misiones Africanas de Lyon (obispo de Marion Brésillac, 1856) o a los Misioneros de África, conocidos como «Padres Blancos» (cardenal Lavigerie, 1868). Algunas congregaciones no fueron fundadas para las misiones: los Hermanos de la Instrucción Cristiana de Ploërmel (1817, Jean-Marie de Lammenais) no fueron a Guadalupe hasta 1838.

En 1900, aproximadamente uno de cada tres misioneros católicos era francés. No obstante, a partir de 1850 se multiplicaron las fundaciones en otros países europeos y en América del Norte. En Italia se fundaron la Sociedad de Misiones Extranjeras de Milán (1850), las Misiones Africanas de Verona (por Daniele Comboni, 1867), las Misiones Extranjeras de Parma (1895), los Misioneros de la Consolata de Turín (Giuseppe Allamano, 1901). En Bélgica, la Congregación del Inmaculado Corazón de María, conocida como «Congregación de Scheut», nombre del barrio de Anderlecht donde se estableció (Théophile Verbist, 1862). En Inglaterra, los Misioneros de San José, conocidos como «Misioneros de Mill Hill» (Herbert Vaughan, 1866). En Suiza, las Misiones Extranjeras de Belén (1896). En los Países Bajos, la Sociedad del Verbo Divino (Arnold Janssen, 1875). En

Alemania, la Congregación Misionera Benedictina de Santa Otilia (padre Andreas Amrhein, 1884). En Estados Unidos, la Sociedad Americana de Misiones Extranjeras, conocida como «Maryknoll» (James Anthony Walsh y Thomas Frederick Price, 1911), y la Sociedad de San José del Sagrado Corazón de Baltimore (1892). El resultado fue una intensa internacionalización del personal misionero, especialmente notable a partir del siglo xx: en 1946, los franceses no representaban más que el 30 % del total. Al mismo tiempo, esta internacionalización facilitó la «nacionalización» de los misioneros en las colonias: por ejemplo, los Padres Blancos belgas sustituyeron a sus hermanos franceses en el Congo. El estatus de estos misioneros variaba mucho: muchos no hacían votos y no eran religiosos propiamente dichos, sino miembros de institutos seculares, hermanos docentes y hospitalarios. En cambio, otros, además de los tres votos tradicionales de pobreza, obediencia y castidad, hacían un cuarto de evangelización, al igual que los Padres Blancos en África.

La mayor novedad fue el desarrollo de las congregaciones misioneras femeninas. Ana María Javouhey (1779-1851) fundó las Hermanas de San José de Cluny en 1807 como congregación de enseñanza en las zonas rurales. En 1817 se desplazaron a la isla de Reunión, luego a Senegal (1821), a Martinica y Guinea (1822), a Guadalupe (1823) y, por último, a la Guayana Francesa (1828). En el momento de su muerte, en 1851, eran mil doscientas monjas. Muchos institutos misioneros masculinos tuvieron una rama femenina: las Misiones Africanas de Lyon crearon las Hermanas de Nuestra Señora de los Apóstoles (1876), y los Padres Blancos, las Misioneras de Nuestra Señora de África (1869); las Misiones Africanas de Verona fundaron las Pías Madres de la Nigrizia (1872), y los Misioneros de la Consolata, las Hermanas Misioneras de la Consolata. En Estados Unidos, las Hermanas de Maryknoll de Santo Domingo fueron fundadas en 1912. A finales del siglo XIX ya había cuarenta y cuatro mil monjas misioneras, y su número siguió creciendo a partir de entonces. Teresa de Calcuta (Anjezë Gonxhe Bojaxhiu, 1910-1997), que fundó las Misioneras de la Caridad en 1950, fue la más mediática de ellas. En 2008, el 58 % de las setecientas sesenta y cinco mil monjas católicas vivían fuera de Europa.

2. La nueva misionología

A lo largo del siglo XIX, a medida que los misioneros se trasladaban a nuevas regiones, era habitual delimitar territorios en los que una congregación ejercía en exclusiva su apostolado. Un vicario o prefecto apostólico, elegido de entre los miembros de esta congregación, representaba a las autoridades romanas. Este sistema de «comisiones» estaba en vigor desde finales de la década de 1820. En palabras del delegado apostólico en China durante la década de 1920, el cardenal Costantini, esto derivó en un «feudalismo territorial» que estaba cada vez más alejado de los conceptos misionológicos que comenzaban a surgir. Tradicionalmente, el objetivo prioritario de una misión de evangelización era trabajar por la salvación de las almas al multiplicar las conversiones. El misionero asumía, pues, una responsabilidad para con las poblaciones evangelizadas y tenía una autoridad sobre ellas que justificaba la jurisdicción ejercida por la congregación. El desarrollo de los estudios misionológicos en la Iglesia católica al principio del siglo xx, una o dos generaciones después de su aparición en las Iglesias protestantes, introdujo poco a poco la idea de que la misión debía, por un lado, fomentar la creación de iglesias autóctonas en las poblaciones evangelizadas y, por otro, integrar el cristianismo al adaptarlo a las culturas autóctonas. Para designar este método, una vuelta a la visión fundacional de los «ritos chinos», los jesuitas crearon el concepto de «inculturación». Charles de Foucauld (1858-1916), que fue trapense, ya había adoptado este principio como fundamento de su experiencia eremítica en el Sáhara.

El libro pionero del canónigo Joly (*Le Christianisme et l'Extrême-Orient*, 1907), que defendía esta idea, suscitó debates. Por iniciativa de Robert Streit (oblato de María Inmaculada, 1875-1930) y del padre secular Joseph Schmidlin, el congreso católico de Breslau (1911) decidió la creación de un Instituto Misionológico Católico en la universidad de Münster y una revista de misionología. Streit también inició la publicación de una *Bibliotheca missionum*. Tras la Primera Guerra Mundial, los jesuitas de Lovaina organizaron las Semanas de Misionología, dirigidas por Pierre Charles, de 1925 a 1953. Se impuso la idea de que los misioneros debían crear un clero autóctono del que Roma pudiera elegir obispos: el misionero triunfaría cuando no tuviera otra cosa que hacer que desaparecer. Se trataba de una vuelta a las primeras instrucciones publicadas por la Propaganda en el siglo XVII. A partir de 1917, el lazarista Vincent Lebbe abogó por la fundación de un episcopado autóctono en China. Su deseo se cumplió en 1926 con la ordenación en Roma de los primeros obispos chinos. En 1934, Pío XI recomendó la creación de seminarios regionales confiados a un instituto misionero bajo el control de la Propaganda. A partir del último cuarto del siglo XX, los no europeos empezaron a ser mayoría en cada vez más congregaciones. El cambio también afectó a los superiores de estas, al tiempo que el clero secular pasaba a ser en su mayoría autóctono.

Glosario[1]

ASOCIACIÓN DE FIELES LAICOS: agrupación de cristianos que tiene por objetivo la caridad, la piedad o la promoción de la fe cristiana en el mundo; puede ser de derecho diocesano o de derecho pontificio.

CANÓNIGO: los canónigos regulares viven en comunidad bajo una regla; los canónigos seculares forman capítulos.

CAPÍTULO: comunidad de canónigos seculares al servicio de una catedral o colegiata.

CARISMA: don sobrenatural concedido a un individuo o grupo; la palabra designa en este caso la vocación propia de una orden o congregación.

CLÉRIGOS REGULARES: sociedad de sacerdotes que viven en comunidad según una regla y hacen votos simples o solemnes.

CONGREGACIÓN: sociedad de mujeres, de sacerdotes o de personas laicas unidas por unos votos simples en la que las constituciones regulan la vida comunitaria. También se llama congregaciones a las comisiones permanentes que forman la curia o a la unión de varios monasterios presididos por un superior general.

ENCOMIENDA: beneficio del que disponían los dignatarios de algunas órdenes militares; disfrute de los ingresos de la mensa abacial con dispensa de residencia.

---

1. Para consultar más definiciones, véase el «Que sais-je ?» de Michel Feuillet, *Vocabulaire du christianisme*, n.º 3562.

EXENCIÓN: privilegio por el que una orden religiosa no está sujeta a la jurisdicción del obispo.

INSTITUTO DE VIDA CONSAGRADA: sociedad cuyos miembros hacen votos. El código de derecho canónico de 1983 agrupa a órdenes y congregaciones con este término.

INSTITUTO SECULAR: sociedad cuya definición canónica se formuló en 1947 y que agrupa a laicos y sacerdotes unidos por los tres votos de pobreza, castidad y obediencia.

LEGACIÓN: embajada temporal enviada por la Santa Sede para una misión importante.

Magister scholarum: clérigo que dirige el colegio de una abadía o una catedral.

ORDEN: sociedad de hombres o mujeres unidos por votos solemnes y la obediencia a una regla o a unas constituciones.

ORDEN TERCIARIA: asociación de personas laicas dentro de una orden religiosa.

PREBENDA: renta inherente a un beneficio canónico o a un oficio monástico.

PROVINCIA: unidad de jurisdicción que agrupa un cierto número de casas de una orden o congregación.

SOCIEDAD DE VIDA APOSTÓLICA: sociedad de mujeres, sacerdotes o personas laicas que llevan una vida fraterna sin hacer votos.

SUPEREROGATORIA (ORACIÓN): que no es obligatoria, sino recomendada.

VOTOS: compromiso en la vida religiosa por los juramentos de obediencia, castidad y pobreza a los que algunas órdenes añaden un cuarto (obediencia al papa, evangelización, abstinencia perpetua, etc.). Los votos simples son temporales y renovables y los votos solemnes son perpetuos o definitivos.

Bibliografía

Herramientas de trabajo

Hurel, Daniel-Odon (dir.), *Guide pour l'histoire des ordres et des congrégations religieuses: France, xvie-xxe siècles.* Turnhout: Brepols, 2001.

O'Neill, Charles E., y Joaquín María Domínguez. *Diccionario histórico de la Compañía de Jesús*, vol. 4. Roma, Madrid: Institutum historicum S.I., 2001.

Pellicia, Guerrino, y Giancarlo Rocca (dirs.), *Dizionario degli istituti di perfezione*, vol. 10. Roma: Edizioni Paoline, 1974-2003.

Revue Mabillon, fundada en 1905, nueva edición desde 1990. Turnhout: Brepols.

Textos fundamentales

Règles des moines. Pacôme, Augustin, Benoît, François d'Assise, Carmel, edición de Jean-Pie Lapierre. París: Seuil, «Points Sagesse», 1982.

Hurel, Daniel-Odon (dir.), *Les Bénédictins. La Règle de saint Benoît*. París: Robert Laffont, «Bouquins», 2020.

Estudios

Bréjon de Lavergnée, Mathieu, *Histoire des Filles de la Charité. xviie-xviiie siècles: la rue pour cloître.* París: Fayard, 2011 [ed. cast.: *Historia de las hijas de la Caridad*. Salamanca: Ceme, 2013].

ALBRECHT, Burkardt, y Alexandra Roger (dirs.), *L'Exception et la Règle. Les pratiques d'entrée et de sortie des couvents, de la fin du Moyen Âge au XIXe siècle*. Rennes: PUR, 2022.

DELPAL, Bernard, *Le Silence des moines. Les trappistes au XIXe siècle: France, Algérie, Syrie*. París: Beauchesne, 1998.

DINET-LECOMTE, Marie-Claude, *Les Sœurs hospitalières en France aux XVIIe et XVIIIe siècles*. París, Honoré Champion, 2005.

DOMPNIER, Bernard, *Enquête au pays des Frères des Anges. Les Capucins de la Province de Lyon aux XVIIe et XVIIIe siècles*. Saint-Étienne: Publications de l'Université de Saint-Étienne, 1993.

DUFOURCQ, Élisabeth, *Les Aventurières de Dieu. Trois siècles d'histoire missionnaire française*. París: Lattès, 1993.

GOUDOT, Grégory, *Les Origines et le monde. Réformes des réguliers, pouvoirs et société dans le diocèse de Clermont (XVe-XVIIe siècle)*. París: Honoré Champion, 2016.

IOGNA-PRAT, Dominique, *Ordonner et exclure. Cluny et la société chrétienne face à l'hérésie, au judaïsme et à l'islam*. París: Aubier, 1998.

LANDRON, Olivier, *Les Communautés nouvelles. Nouveaux visages du catholicisme français*. París: Le Cerf, 2004.

LANGLOIS, Claude, *Le Catholicisme au féminin. Les congrégations françaises à supérieure générale au XIXe siècle*. París: Le Cerf, 1984.

LE GALL, Jean-Marie, *Les Moines au temps des réformes: France (1480-1560)*. Seyssel: Champ Vallon, 2001.

MONTULET-HENNEAU, Marie-Élisabeth, *Les Cisterciennes du pays mosan. Moniales et vie contemplative à l'époque moderne*. Bruselas, Roma: Institut historique belge de Rome, 1990.

PARISSE, Michel, *Les Nonnes au Moyen Âge*. Le Puy: C. Bonneton, 1983.

RAISON DU CLEUZIOU, Yann, *De la contemplation à la contestation. La politisation des dominicains de la province de France (années 1940-1970)*. París: Belin, 2016.

SORREL, Christian, *La République contre les congrégations. Histoire d'une passion française 1899-1904*. París: Le Cerf, 2003.

DE VOGÜÉ, Adalbert, *Histoire littéraire du monachisme dans l'Antiquité. París: Le Cerf, 1991-2007.*

Biografías

AUBÉ, Pierre, *Saint Bernard de Clairvaux*. París: Fayard, 2003.

GARCÍA HERNÁN, Enrique, *Ignacio de Loyola*. Madrid: Taurus, 2013.

LAFFAY, Augustin-Hervé, *Dom Augustin de Lestrange et l'avenir du monachisme*. París: Le Cerf, 1998.

MORGAIN, Stéphane-Marie, *Le Père Hermann Cohen (1820-1871). Un romantique au Carmel*. Les Plans-sur-Bex: Parole et silence, 2019.

ROSSI, Rosa, *Teresa d'Avila. Biografia di una scrittrice*. Roma: Editori Riuniti, 1983 [ed. cast.: *Teresa de Ávila. Biografía de una escritora*. Madrid: Trota, 2015].

VAUCHEZ, André, *François d'Assise: entre histoire et mémoire*. París: Fayard, 2010.

–, *Catherine de Sienne. Vie et passions*. París: Le Cerf, 2015 [ed. cast.: *Catalina de Siena. Vida y pasiones*. Barcelona: Herder, 2017].

Sitios web

CERCOR (Centre européen de recherche sur les congrégations et ordres religieux). http://portail.univ-st-etien-
ne.fr/bienvenue/utilitaires/centre-europeen-de-recher-
ches-sur-les-congregations- et-ordres-religieux-207991.kjsp.
Ordensgeschichte. Ein interdisziplinäres Gemeinschaftsblog
zur Geschichte von Klöstern und Orden. https://ordens-
geschichte. hypotheses.org/145.